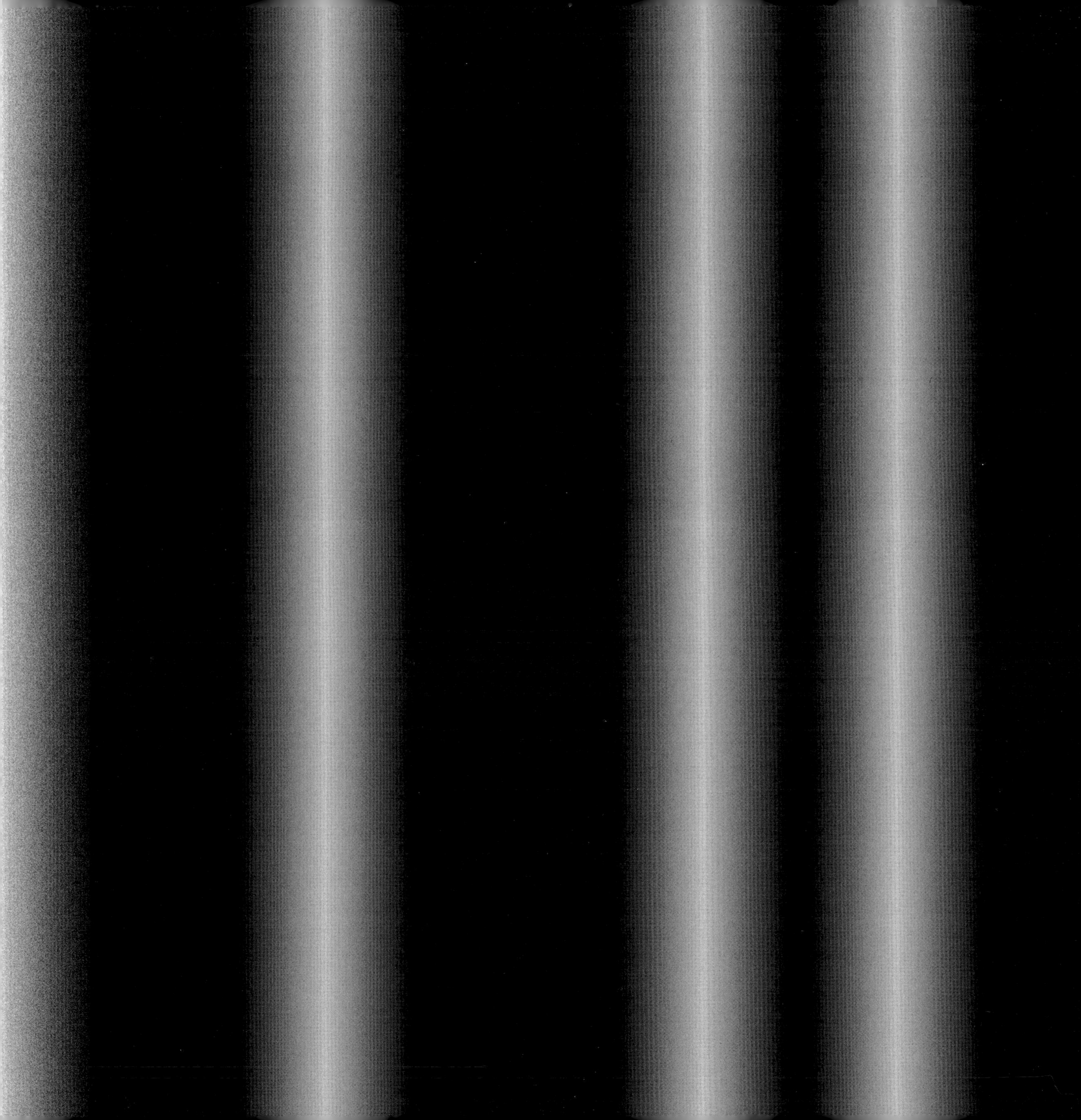

Fabian Gatermann arbeitet in seinen Installationen, Objekten und Multiples vorwiegend mit dem Material Licht. Seine Arbeitsweise folgt der künstlerischen Praxis eines „Ingenieurs": Experimente und Versuchsanordnungen bilden in seinen Arbeiten die Grundlage für offene Prozesse des Hinterfragens, Lernens, Entdeckens und Wachstums. Im Spannungsfeld zwischen analogen und digitalen Herstellungstechniken nutzt Gatermann beispielsweise physikalische Photonenmessungen, Datensätze und künstliche Intelligenz, um den Raum zwischen Kunst und Wissenschaft neu auszuloten.

In seiner formalen Gestaltung greift der Künstler häufig auf Prinzipien der Konkreten Kunst wie Reihung, Wiederholung und Rhythmus zurück – die er aber gezielt aufbricht. In Anlehnung an die ZERO - Bewegung versteht er Kunst als einen Energieträger, der die Betrachter *innen aktiv einbindet und über das rein Visuelle hinauswirkt. Gatermann verdichtet die Ambivalenz des Sichtbaren und des dahinter Verborgenen zu einer poetischen Essenz, zu multidimensionalen Geschichten, in deren Zentrum stets der Mensch steht.

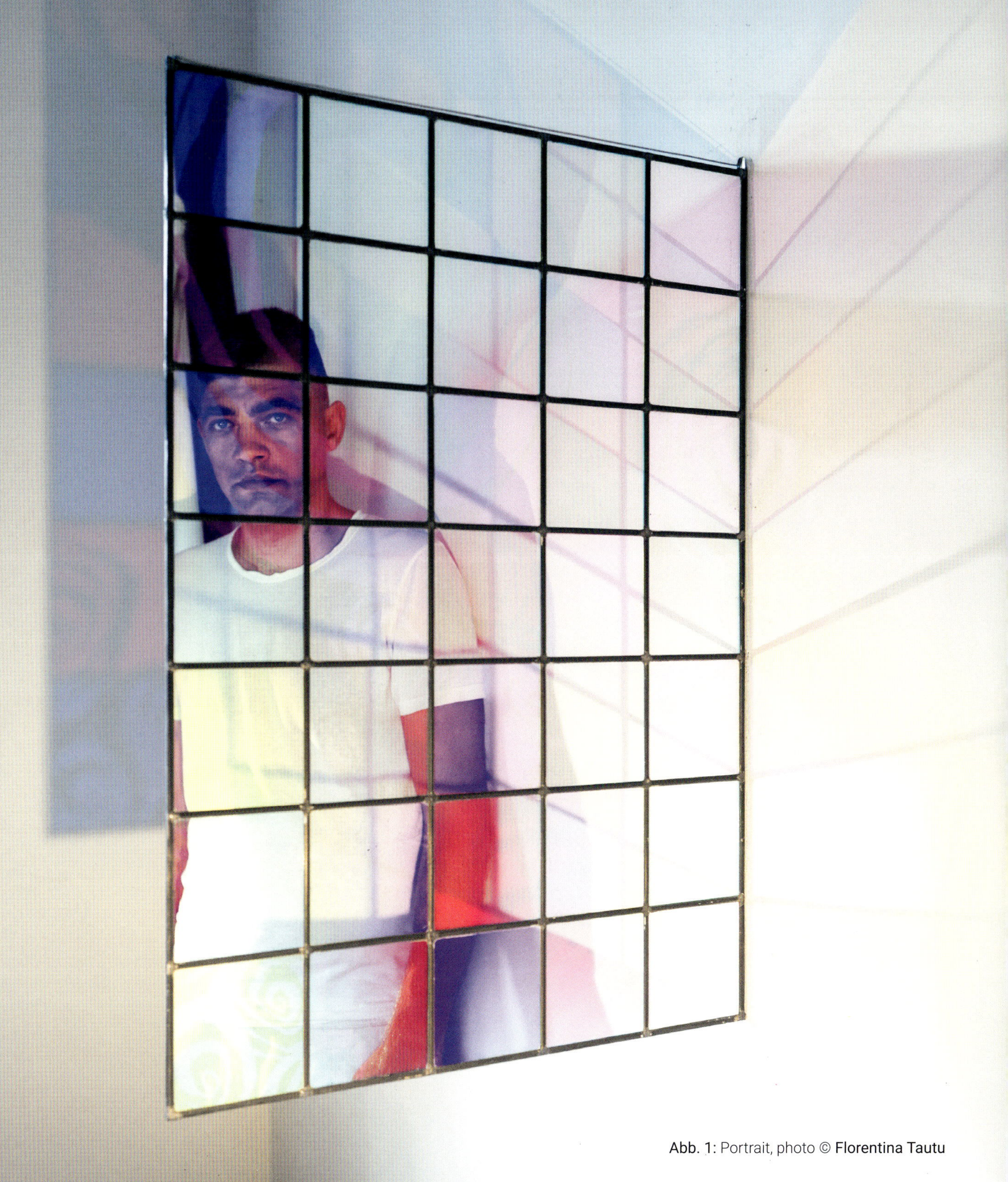

Abb. 1: Portrait, photo © **Florentina Tautu**

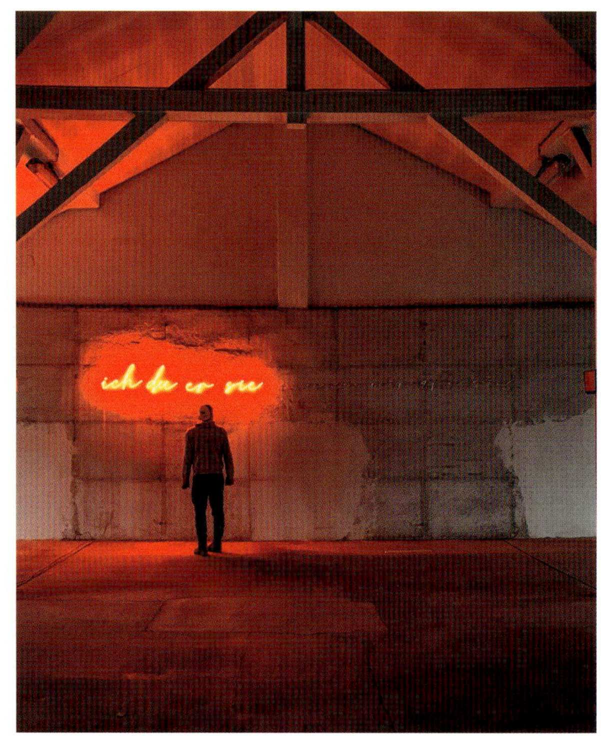

Abb. 2: Der Künstler vor der Testinstallation seines Neonkunstwerks
The Artist in front of a test installation of a neon light artwork, photo © **Nils Richter**

Fabian Gatermann is an artist who works primarily with light as a material in his installations, objects and multiples. His working method follows the artistic practice of an "engineer": Experiments and test arrangements are prerequisites in his works for an open process of questioning, learning, discovering and growth. In the field of tension between analog and digital production techniques, Gatermann uses physical photon measurements, data sets and artificial intelligence amongst other things to explore the space between art and science from a new perspective.

In his formal construction, the artist often draws on principles of Concrete art such as sequence, repetition and rhythm – but he deliberately breaks with them. In the style of the ZERO movement, he sees art as an energy carrier that actively involves the viewer and has an effect that goes beyond the purely visual. Gatermann condenses the ambivalence of the hidden and the visible into a poetic essence, into multidimensional stories that always focus on the human condition as a reference.

inhalt / contents

TRANS ZEN DENZ

KEIN IC

KEIN WERK / NO WORK, NO LIGHT
THERES RHODE
Direktorin des Museums für Konkrete Kunst, Ingolstadt
Director of the Museum of Concrete Art, Ingolstadt

Wer den Katalog von Fabian Gatermann durchblättert, der blickt auf eine Fülle von Werken, die sich – bei aller Vielfalt – doch ganz um eines drehen: Licht. Der Künstler arbeitet immer anders, aber immer mit Licht. Behält man gängige Klischees im Kopf, fragt man sich, wie das gehen soll. Der Maler nimmt den Pinsel in die Hand und bringt Farbe auf eine Leinwand. Der Bildhauer bearbeitet mit Hammer und Meißel den Stein. Und Fabian Gatermann, der greift zum Licht? Unmöglich, denn Licht ist unbegreiflich – und das nicht nur im Sinne des Anfassens.

Nicht mal sehen kann man es. Licht ist eine elektromagnetische Welle, die sich durch den Raum bewegt, eine Energieform, die sich ausbreitet, aber keine physische Substanz besitzt. Das, was Licht bewirkt, das nehmen wir wahr, aber für das Licht an sich sind wir blind. Wenn es überhaupt eine Form der Beschreibung gibt, dann etwa durch die Charakterisierung von Wellenlänge, Frequenz oder Intensität.

Wie nüchtern, wie sachlich, wie unbefriedigend. Den reinen Naturwissenschaftler*innen mag dies genügen, nicht jedoch jemandem, der die Welt darüber hinaus befragt. Licht ist da, aber man sieht es nicht. Licht braucht anderes, um in Erscheinung zu treten. Seltsam, in welcher Abhängigkeit es steckt, wenn es doch selbst das ist, was anderes erst möglich macht – Wachstum zum Beispiel. Gäbe es kein Licht, sähe unsere Natur alt aus. Fabian Gatermann, so könnte man meinen, schert sich als Künstler um die Natur eher weniger.

Denn er gehört doch – folgt man so einigen Kurator*innen – der Konkreten Kunst an.[1]

Anyone browsing through Fabian Gatermann's catalog will see a wealth of works that, despite their diversity, all revolve around one thing: light.
The artist always works differently, but always with light. If you keep common clichés in mind, you wonder how this is supposed to work. The painter picks up a brush and applies paint to a canvas. The sculptor works the stone with a hammer and chisel. And Fabian Gatermann, reaches for the light? Impossible, because light is unfathomable, and not just in the sense of touching it. You can't even see it. Light is an electromagnetic wave that moves through space, a form of energy that spreads but has no physical substance. We perceive what light does, but we are blind to the light itself. If there is any form of description at all, it is through the characterization of wavelength, frequency, or intensity. How prosaic, how factual, how unsatisfactory. This may be enough for pure natural scientists but not for anyone who questions the world beyond that.
Light is there, but you can't see it. Light needs other things in order for it to present itself. It's strange how dependent it is when it itself is what makes other things possible in the first place: growth, for example. If there were no light, our nature would not thrive. One might think that, as an artist, Fabian Gatermann cares little about nature.

1) So gehörte Fabian Gatermann etwa zu den 24 Künstler*innen, die das Museum für Konkrete Kunst und der Kulturspeicher in Würzburg 2024 zu ihrer Ausstellung „24! Fragen an die Konkrete Gegenwart" erwählten.

Mit der Natur hat die Konkrete Kunst wenig zu tun. Hat sie sich nicht vor rund 100 Jahren mit großer Anstrengung davon befreit, ihr und ihren Phänomenen ein Abbild geben zu wollen? Das zumindest hat Theo van Doesburg 1930 mit seinen Verbündeten in den Grundlagen zur Konkreten Kunst klargemacht, in denen es heißt: „Das Kunstwerk muss vor seiner Ausführung vollständig im Geist entworfen und ausgestaltet worden sein. Von der Natur, von Sinnlichkeit oder Gefühl vorgegebene Formen darf es nichts enthalten."[2] Das mag alles gegolten haben. Aber das ist eben bereits 100 Jahre her. Die Konkrete Kunst hat sich – und damit auch ihr striktes gestalterisches wie inhaltliches Linien- und Grenzenziehen – weiterentwickelt und erlaubt sich inzwischen so manche Überschreitung. Und so bringt Gatermann in Werken, wie den *Flowers* Prinzipien der Konkreten Kunst mit Phänomenen der Natur zusammen. Was man darin zu erblicken glaubt, sind Blumen. Doch sie entstehen anders als etwa im Naturalismus, bei dem man versuchte, das „echte Leben" möglichst nah am Original abzubilden.

Stattdessen schafft Gatermann eine Zeichnung via Stift und Plotter mithilfe eines kurzen Softwarecodes, der eine Art Zellteilung beschreibt und definiert, wann und wie sich ein Strich teilt. Das entstandene Gerippe beträufelt er durch eine Pipette punktuell mit Wasser, sodass sich aus dem Strichgebilde farbige, florale Motive ergeben, die eben nicht mehr vom Code, sondern von der Fügung getrieben werden, einen zerstörenden Moment in sich tragen und so unvorhersehbar sind, wie es Wissenschaftler *innen auch bei Wachstumsprozessen in der Natur selbst beobachten. Gatermann hat damit eine neue Rolle als Künstler, die sich von der Vorstellung eines „Künstlergenies" entfernt. Denn nicht er ist es, der hier gestaltet, sondern er stößt eine Transformation an – und damit ist er ganz bei der Konkreten Kunst. Am Ende schafft der Prozess selbst eine eigene Ästhetik. Gerade die Lust am Experiment, das Arbeiten mit und an Versuchsanordnungen, die Erkenntnis, dass oftmals Serien Prinzipien am anschaulichsten erklären können, ist das, was Konkrete Kunst und Wissenschaft verbindet.

2) Otto Carlsund, Theo van Doesburg, Jean Hélion, Léon Tutundijan, Marcel Wantz, „Base de la peinture concrète" (Grundlage der konkreten Malerei), in: Art Concret, 1, 1930, S. 1–4, zit. n.: Charles Harrison, Paul Wood (Hrsg.), Kunsttheorie im 20. Jahrhundert, Bd. 1, 1895–1941, Ostfildern 1998, S. 441. Das Manifest wurde zwar von den aufgeführten fünf Künstlern unterzeichnet, sein Text wird aber weitestgehend van Doesburg zugeschrieben.

1) Fabian Gatermann, for example, was one of the 24 artists chosen by the Museum für Konkrete Kunst and the Kulturspeicher in Würzburg in 2024 for their exhibition „24! Fragen an die Konkrete Gegenwart"
2) Otto Carlsund, Theo van Doesburg, Jean Hélion, Léon Tutundijan, Marcel Wantz, "Base de la peinture concrète" (Foundation of Concrete Painting), in: Art Concret, 1, 1930, pp. 1–4, cited in: Charles Harrison, Paul Wood (ed.), Kunsttheorie im 20. Jahrhundert, vol. 1, 1895–1941, Ostfildern 1998, p. 441. Although the manifesto was signed by the five artists listed, its text is largely attributed to van Doesburg.

After all, according to some curators, he belongs to Concrete Art.[1] Concrete Art has little to do with nature. Didn't it make a great effort around a hundred years ago to free itself from trying to reproduce nature and its phenomena? At least that is what Theo van Doesburg and his allies made clear in 1930 in the "Concrete Art Manifesto," which states: "The work of art must have been completely designed and shaped in the mind before its execution. It must not contain any forms dictated by nature, sensuality or feeling."[2] That may all have been true. But that was a hundred years ago. Concrete art—and with it its strict drawing of lines and boundaries in terms of design and content — has developed further and now allows itself to transgress many a boundary. In works such as *Flowers*, Gatermann combines the principles of Concrete Art with natural phenomena. What you think you see in them are flowers. However, they are created differently to naturalism, for example, which attempted to depict "real life" as closely as possible. Instead, Gatermann creates a drawing with a pen and plotter using a short software code that describes a kind of cell division and defines when and how a line divides. Using a pipette, he sprinkles the resulting skeleton with water at certain points, so that colorful, floral motifs, which are no longer driven by the code but by coincidence, emerge from the line formation, carrying a destructive moment within them, and are as unpredictable as what scientists observe in growth processes in nature itself. Gatermann thus has a new role as an artist that moves away from the idea of an "artistic genius." For he is not creating here; rather he is initiating a transformation, and in doing so he is fully in line with Concrete Art. In the end, the process itself creates its own aesthetic. It is precisely the desire to experiment, to work with and on experimental arrangements, and the realization that series can often explain principles most vividly that connects Concrete Art and science. As is so often the case in his art, Fabian Gatermann had to search for the right material for a very long time in order to be able to capture the process that he focuses on. In *Flowers*, it is central that color can flow and merge into different color components. So it couldn't be handmade paper or coated paper. In the end, only Chinese paper was suitable.

3) Dieses Zitat stammt aus der Beantwortung des Fragenkatalogs, welches die Kurator*innen der Ausstellung „24! Fragen an die Konkrete Gegenwart" allen Künstler*innen zur Bearbeitung gegeben haben.

Fabian Gatermann musste – wie so oft in seiner Kunst – sehr lange nach dem richtigen Material suchen, damit sich der Prozess, den er ins Zentrum stellt, auch ins Bild setzen ließ. Bei den *Flowers* ist es zentral, dass Farbe fließen und in verschiedene Farbbestandteile aufgehen kann. So durfte es kein Büttenpapier und kein beschichtetes Papier sein. Am Ende war nur das Chinapapier geeignet.

Vieles funktioniert in der Kunst durch ein Trial-and-Error-Verfahren, ähnlich wie man es aus der Wissenschaft kennt. Ordnung und Chaos schließen sich dabei nicht aus – nicht allein deswegen, weil das, was in ihren Bildern dargestellt wird, oftmals gar nicht so rational und eindeutig daherkommt, wie es bei der ersten Beschreibung erscheinen will, sondern ebenfalls, weil nicht zuletzt der Zufall doch häufig ein Wörtchen mitzureden hat. So ist selbst das Verhältnis, das Fabian Gatermann zur Konkreten Kunst hat, ambivalent und schwankt. Er hat für sich seinen eigenen Weg gefunden, mit ihr umzugehen.

Die Antwort auf die Frage etwa, was denn für ihn diese Kunstrichtung ausmache, lautet: „Konkrete Kunst beinhaltet für mich wertvolle Ausgangspunkte, von denen ich eigene Linien ziehe."[3] Irgendwie fühlt er sich der Konkreten Kunst angehörig – und irgendwie nicht. Die klare Formensprache, die Reihung, die Wiederholung, die Rhythmisierung – mit all dem fühlt er sich der Konkreten Kunst verbunden und knüpft in seinen Werken genau dort an. Gleichzeitig wagt er immer die bewusste Grenzüberschreitung, ohne sich gänzlich von ihr – der Konkreten Kunst – zu lösen. Sich nur auf die Mathematik zu berufen, das reicht Fabian Gatermann nicht. In der Mathematik, in der Geometrie darf sich Kunst nicht erschöpfen. Da muss es etwas geben, das darüber hinausführt. Aber besonders der Gedanke, dass das, was wir in der Konkreten Kunst sehen, Bildmittel wie Bildinhalt zugleich ist, übt seinen besonderen Reiz auf ihn aus. Dabei macht er es sich nicht leicht, denn sein Mittel und Inhalt ist das Licht –

A lot of things in art work by trial and error, similar to what we know from science. Order and chaos are not mutually exclusive—not only because what is depicted in his pictures is often not as rational and unambiguous as it might appear at first glance, but also because chance often has a say. Fabian Gatermann's relationship to Concrete Art is ambivalent and fluctuating. He has found his own way of dealing with it. His answer to the question of what this art movement means to him, for example, is: "For me, Concrete Art contains valuable starting points from which I draw my own lines."[3] Somehow he feels he belongs to Concrete Art, and somehow not. The clear formal language, the sequencing, the repetition, the rhythm—he feels connected to Concrete Art with all of this and connects with it in his works. At the same time, he always dares to consciously cross boundaries without completely detaching himself from it, from Concrete Art. For Fabian Gatermann, it is not enough to simply refer to mathematics. Art must not exhaust itself in mathematics, in geometry. There has to be something that goes beyond that.

But the idea that what we see in Concrete Art is both a pictorial medium and pictorial content is particularly appealing to him. He does not make it easy for himself, because his medium and content is light, and, as we now know, this is so difficult to depict. Those who make light the center of their art have to think outside the box, and often design with it. Fabian Gatermann's works need not just light but also space.
Precisely because his windows—the *Finestra*—are not set into the wall but extend at right angles from the wall into the room, creating box-like edges. The light shines through the glass, dichroic, deliberately colored panes—because color is always part of light—and paints changing images on the wall depending on the time of day and the viewer's point of view, which can only be perceived by the eye but would be impossible to grasp with one's hands. But it is only through the interplay between the object built by Gatermann and what it creates on the wall through the incidence of light that his work is complete—and yet it is never complete without observers and their individual reception.

und dieses, das ist nun bekannt, ist so schwer ins Bild zu setzen. Wer das Licht zum Zentrum seiner Kunst macht, muss um die Ecke denken – und nicht selten auch genau damit gestalten. Fabian Gatermanns Arbeiten brauchen nicht nur das Licht, sondern zusätzlich den Raum. Gerade weil seine Fenster – die *Finestra* – nicht in die Wand eingelassen sind, sondern rechtwinklig von der Wand in den Raum greifen und damit eine Ecke ergeben. Da strahlt das Licht durch die gläsernen, dichroitischen, bewusst farbigen Scheiben – denn die Farbe ist ja immer Teil des Lichts – und malt je nach Tageszeit und Betrachter*innenstandpunkt wechselnde Bilder an die Wand, die nur das Auge wahrnehmen kann, die aber mit den Händen nicht zu greifen wären. Doch erst durch das Zusammenspiel aus dem von Gatermann gebauten Objekt und dem, was dieses durch den Lichteinfall an der Wand erzeugt, komplettiert sich sein Werk – und ist doch nie komplett ohne die Betrachter*innen und deren individuelle Rezeption.

Ganz ähnlich geschieht es bei den *LightEdges*. Sie tragen ja bereits die Ecke in einer der möglichen Übersetzungen des englischen Begriffs im Namen. Sie sind Objekte aus aufeinander montierten Plexiglaskörpern, die – je nachdem, wie das Licht darauf scheint – Farbmalereien an die Wände bringen. Auch sie funktionieren, ja, sie „leben" nur dort, wo Licht und Raum aufeinandertreffen. Und gleichzeitig geben sie dabei nicht preis, wie sie der Tüftler Gatermann gemacht hat. Denn der Kleber ist nicht sicht- und doch unverzichtbar, denn er ist es doch, der alles zusammenhält. Wie lange hat er da probiert, bis das geklappt hat – und wie sehr musste er so manche Frustration und Unzufriedenheit mit der eigenen Arbeit oder mit dem Fortschritt aushalten. Dieser dunkle Teil ist wohl jeder Künstler*innenseele immanent, selbst wenn man es den Werken gar nicht ansieht. Am Ende gelingt die Faszination, die Kunst entfaltet, nicht selten über das auf den ersten Blick kaum Erkenntliche oder Erklärliche. So war es passend, dass Fabian Gatermann in seiner Installation *Lichtkreuzung* seine Plexiglas-Körper 2019 in der Münchner Nazarethkirche zeigte.

4) cf.: Benita Meißner, Simone Schimpf, Walter Zahner (eds.), *Über das Geistige in der Kunst – 100 Jahre nach Kandinsky und Malewitsch*, Vienna 2018.

It is very similar with the *LightEdges*. Here too the box-like structure is alluded to in one of the possible translations of the English name. They are objects made of Plexiglas bodies mounted on top of each other, which, depending on how the light shines on them, create different color paintings on the walls. They also function, indeed they only "live," where light and space meet. At the same time, they do not reveal how the inventor Gatermann made them. The adhesive is invisible and yet indispensable, because it is what holds everything together. How long did he try until it worked—and how much frustration and dissatisfaction with his own work or with his progress did he have to endure?

This dark part is probably inherent in every artist's soul, even if you can't see it in their works. In the end, the fascination that art unfolds is often achieved through what is barely recognizable or explainable at first glance. So it was fitting that Fabian Gatermann showed his plexiglas bodies in Munich's Immanuel Nazareth Church in 2019 with his installation *Lichtkreuzung*. Churches have always been spaces whose architects were aware of the power of light and knew how to stage it. In doing so, they succeeded, certainly behind the knowledge of scientific laws, in transporting into the visible, tangible, even palpable what in Genesis 1:3 was the beginning of everything: light. It is hardly surprising that Fabian Gatermann chose the church as his exhibition space. Not because he is so faithful to the Bible but because he, who has tellingly given his catalog the title Transzendenz (Transcendence), agrees that there is something that goes beyond itself, that is superior. Anyone who thinks that this has little to do with Concrete Art is mistaken and only considers the strands in the history of Concrete Art that concentrate purely on the mathematical and rational and ignores earlier movements.

Kazimir Malewitsch and Wassily Kandinsky, for example, were very much searching for a "spirituality in art" and thus infected other generations of artists.[4]

Kirchen sind seit jeher Räume, deren Architekten sich der Kraft des Lichts bewusst waren und diese zu inszenieren wussten. Damit gelang es ihnen, sicherlich hinter der Erkenntnis naturwissenschaftlicher Gesetzmäßigkeiten, das ins Seh-, Spür-, ja Fühlbare zu transportieren, was in Genesis 1,3 den Anfang von allem bedeutete: Licht. Dass Fabian Gatermann sich den Kirchen- als Ausstellungsraum ausgesucht hat, wundert kaum. Nicht, weil er so bibeltreu ist, sondern weil er, der seinem Katalog bezeichnenderweise den Titel Transzendenz gegeben hat, darin mitgeht, dass es etwas gibt, das über sich hinausgeht, das übergeordnet ist. Wer nun meint, das hätte wenig mit Konkreter Kunst zu tun, der irrt und betrachtet in der Geschichte der Konkreten Kunst nur die Stränge, die sich rein auf das Mathematische wie Rationale konzentrierten, und blendet Bewegungen des Anfangs aus. Kasimir Malewitsch oder Wassily Kandinsky etwa suchten sehr wohl nach einem „Geistigen in der Kunst" und steckten damit andere Generationen an Künstler*innen an.[4]
Es gibt also noch irgendetwas anderes, so Fabian Gatermann, und das Licht ist für ihn eine Möglichkeit, dies zum Ausdruck zu bringen.

Doch wer mit dem Licht arbeitet, der macht sich abhängig davon. Das hat Effekte in verschiedene Richtungen. Positiv, da sich Werke wie die *Light-Edges*, seine *Wandstelen* oder die *Finestra* je nach Tageszeit und Lichteinfall verändern und ihren Betrachter*innen nie dasselbe zu sehen geben. Negativ, wenn das Licht nicht so „arbeitet", wie es das Kunstwerk und der Künstler brauchen würden. Wenn der Tag grau ist, dann erscheinen solche Arbeiten fast schon farblos. Da hilft nicht mal das, was sonst oftmals weiterhelfen kann: Geld. Natürliches Licht ist kaum käuflich. Ein wunderbar ironischer Moment also, dass sich bei seinen *Wandstelen* die gefärbten Glaselemente ausgerechnet in solchen Magazin- oder Postkartenständern befinden, die man sonst aus Verkaufsräumen kennt.
Kein Licht, kein Werk – oder eben nur ein Teil davon. Was für das natürliche Licht gilt, trifft ebenso auf das künstliche zu. Klar, das ist einfacher zu kontrollieren. Denn man kann es viel aktiver und bewusster setzen, ein- und ausschalten. Aber selbst dort existiert eine Abhängigkeit. Nehme man nur die *Superstring*-Arbeiten: Ohne Strom ist da nicht viel mit der Kunst. Da bleibt einfach nur ein Kasten an der Wand.

4) Vgl. dazu Benita Meißner, Simone Schimpf, Walter Zahner (Hrsg.), *Über das Geistige in der Kunst – 100 Jahre nach Kandinsky und Malewitsch*, Wien 2018.

So there is something else, says Fabian Gatermann, and for him light is a way of expressing this. But those who work with light make themselves dependent on it. This has polar effects: positive, because works such as *LightEdges*, his *Wandstelen*, or the *Finestra* change depending on the time of day and the incidence of light, and they never show their viewers the same thing; negatively, when the light doesn't "work" the way the artwork and the artist need it to. When the day is grey, such works appear almost colorless. Not even the thing that can often help here does: money. Natural light can hardly be bought. It is therefore wonderfully ironic that the colored glass elements of his *Wandstele* are located in magazine or postcard racks, of all places, like those familiar from salesrooms. No light, no work—or only a part of it. What applies to natural light also applies to artificial light. Of course, it is easier to control. Because you can set it much more actively and consciously, switch it on and off.

But even then, there is a dependency. Just take the *Superstring* work: Without electricity, there's not much in the way of art. All that remains is a box on the wall.

These works in particular show that Fabian Gatermann's art is dependent not only on light. The viewers themselves make a decisive contribution. They have to control the light objects—which Gatermann created from specially developed LEDs and raster lenses, Plexiglas, and lenticular film—using the touchpad integrated into the frame and thus participate in the color images that appear in front of them. And when they move in front of them, they are even more captivated and amazed. This is essentially something that is necessary in all of Gatermann's works: they are borderline experiences between sculpture, painting, and physical phenomena and only reveal their effect when the viewer begins to move and new dimensions and perspectives repeatedly open up.

Gerade diese Werke zeigen, dass Fabian Gatermanns Kunst nicht nur vom Faktor Licht abhängig ist. Die Betrachter*innen leisten einen entscheidenden Beitrag. Sie müssen die Lichtobjekte, die Gatermann aus eigens entwickelten LEDs und Rasterlinsen, Plexiglas und Lentikularfolie schuf, mithilfe des im Rahmen integrierten Touchpads steuern und haben damit teil an den Farbbildern, die sich vor ihnen öffnen. Und wenn sie sich davor bewegen, dann lassen sie sich noch mehr in den Bann ziehen, sich in ein Staunen versetzen. Das ist im Grunde etwas, das bei allen Werken Gatermanns notwendig ist: Sie sind Grenzerfahrungen zwischen Skulptur, Malerei und physikalischen Phänomen und entfalten erst dann ihre Wirkung, wenn die Bewegung der Betrachter*innen einsetzt und sich damit immer wieder neue Dimensionen und Perspektiven eröffnen.
Es braucht also vieles, damit die künstlerischen Ideen Fabian Gatermanns zur Umsetzung kommen. Manchmal braucht es auch viele.

Etwa bei seinem jüngsten Projekt mit dem Titel *Reclaim Space*. Zusammen mit zahlreichen anderen Künstler*innen, weniger aus der Konkreten, eher aus der Graffiti-Szene, nahm er sich der Fassade des Haus2 im Kreativlabor in München an, einem kollaborativen Raum für künstlerische Produktion aus allen Sparten. Was war Gatermanns Rolle dabei? Initiator des Projekts zu sein und selbst als einer der vielen Künstler*innen aufzutreten. Womit? Natürlich mit einer Lichtarbeit, die aus dem Schriftzug *„ich du er sie they es wir ihr sie"* besteht und über eine Hausecke platziert wurde. Das fügt sich fabelhaft in die Folge dieses Textes ein und führt dazu, den Künstler immer besser zu verstehen: Gatermann, der, der um die Ecke arbeitet; der, der um die Ecke denkt. So schuf er mit dem Haus2-Projekt ein Experimentierfeld, einen Versuchsaufbau für andere, mit einer gewissen Unsicherheit, was dabei herauskommen würde.

So it takes a lot for Fabian Gatermann's artistic ideas to be realized. Sometimes it also takes multiple rounds of trial and error. Take his latest project, entitled *Reclaim Space*, for example. Together with numerous other artists, not so much from the Concrete and more from the graffiti-scene, he took on the façade of Haus2 at Kreativlabor in Munich, a collaborative space for artistic production from all disciplines. What was Gatermann's role in this? To be the initiator of the project and to appear as one of the many artists. With what? With a light work, of course, consisting of the lettering *"ich du er sie they es wir ihr sie"* placed around the corner of a house. This fits fabulously into the sequence of this text and leads to an ever better understanding of the artist: Gatermann, the one who works on the

edge, the one who thinks outside the box. With the Haus2 project, he created an experimental field, a test setup for others with a certain uncertainty as to what would come out of it. Munich is a hot spot, especially for artists. Rents are becoming more and more unaffordable, while at the same time cities are graced with creatives, as they are the ones who generate stimulus and ideas. And good ideas are needed more than ever right now, in times of tight (budget) funding.
Cuts are being made everywhere, especially in cultural funding. Gatermann has therefore not developed a concept for the façade project in which a "pretty, colorful house" emerges and in the end probably degenerates into an Instagram motif. No matter how the light shines on it,

Gerade für Künstler*innen ist München ein heißes Pflaster. Mietpreise werden mehr und mehr unbezahlbar; gleichzeitig schmücken sich Städte mit Kreativen, setzen doch gerade sie Impulse und Ideen frei. Und gute Ideen sind gerade jetzt, in Zeiten klammer Kassen, nötiger als wohl je zuvor. Kürzungen stehen überall an, gerade in der Kulturförderung.
Für das Fassadenprojekt hat Gatermann deswegen kein Konzept entwickelt, bei dem ein „hübsches, buntes Haus" heraus- und am Ende wohl noch zum Instagrammotiv verkommt. Egal, wie das Licht darauf scheint, dekorativ ist das Ergebnis nicht. Stattdessen ist die Fassade eher wild und gerade im so cleanen München herausfordernd. Doch die Graffitis schaffen einen (Diskussions-)Raum zwischen der Aufwertung durch Kunst und Degentrifizierung. *Reclaim Space* ist als Versuch zu verstehen, zu vermitteln, ja herauszuschreien, wie wichtig für eine Stadt die (unangepasste) Kunst jenseits der „glatten Fassaden" ist; gerade für eine Stadt wie München, die so sehr auf Wachstum getrimmt ist und sich viel über ihre Oberflächen definiert. Doch für Kunst muss man als Stadt etwas tun, in sie investieren, sie fördern und nicht zuletzt für sie den Mietpreis für Wohnungen und Ateliers deckeln. Damit es, unter all dem finanziellen Druck, dem Künstler*innen besonders in München ausgesetzt sind, am Ende nicht heißt: Der letzte macht das Licht aus! Das wäre sicherlich der ultimative, der radikalste Schritt. Und bis es dazu kommt, ist es ein langsamer, ein schleichender Prozess, den es aufzuhalten gilt. Dazu trägt die Kunst bei, indem sie Dinge sichtbar macht, die da sind, aber oftmals unsichtbar erscheinen.

So wie beim Licht. Licht sieht man nicht. Aber Kunst kann auf ihre Weise sehend machen. Vieles. Selbst das Licht.

the result is not decorative. Instead, the façade is rather wild and challenging, especially in such a clean city as Munich. But the graffiti creates a (discussion) space between gentrification through art and de-gentrification. *Reclaim Space* can be seen as an attempt to convey, even shout out, how important (non-conformist) art is for a city beyond the "smooth facades," especially for a city like Munich, which is so geared towards growth and defines itself a lot through its appearance.
But as a city, you have to do something for art, invest in it, promote it, and, not least, cap the rent for apartments and studios. So that, amid all the financial pressures that artists are exposed to, especially in Munich, it doesn't end up being a case of last one turns out the lights! That would certainly be the ultimate, the most radical step. And until that happens, it is a slow, creeping process that needs to be stopped. Art contributes to this by making things visible that are there but often appear invisible.

Just like with light. You can't see light. But art, in its own way, can make you see. A lot of things. Even light itself.

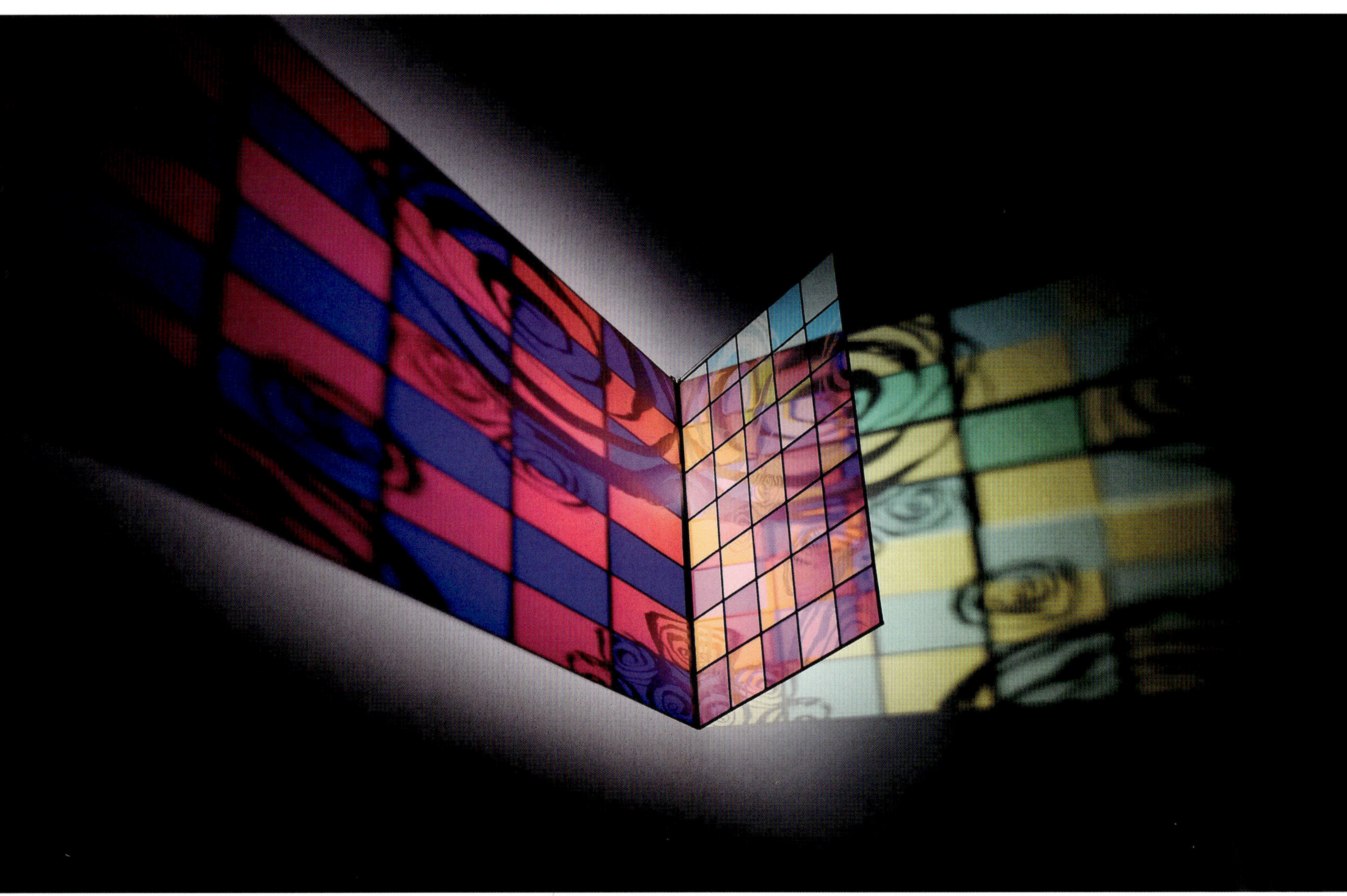

Abb. 3: Finestra, circa 95 × 60 cm, LightHaus Ausstellung, Haus2, 2024
Finestra, approx. 95 x 60 cm, LightHaus Exhibition, Haus2, 2024, photo © **Uli Schulz**

„Sie können den Wind nicht einladen,
aber Sie müssen das Fenster offen halten."

"You can't invite the wind,
but you must keep the window open."

Jiddu Krishnamurti

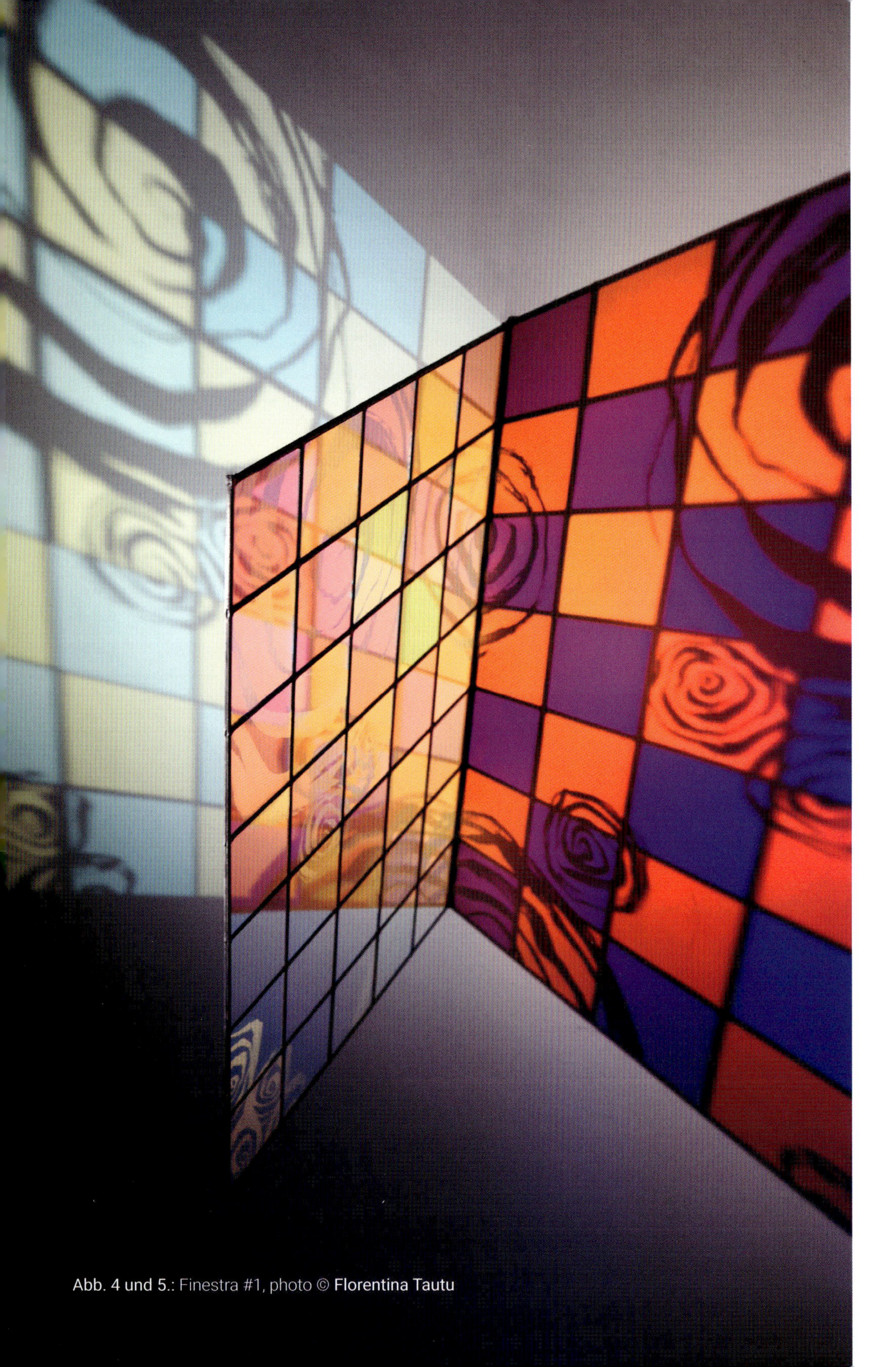

Abb. 4 und 5.: Finestra #1, photo © Florentina Tautu

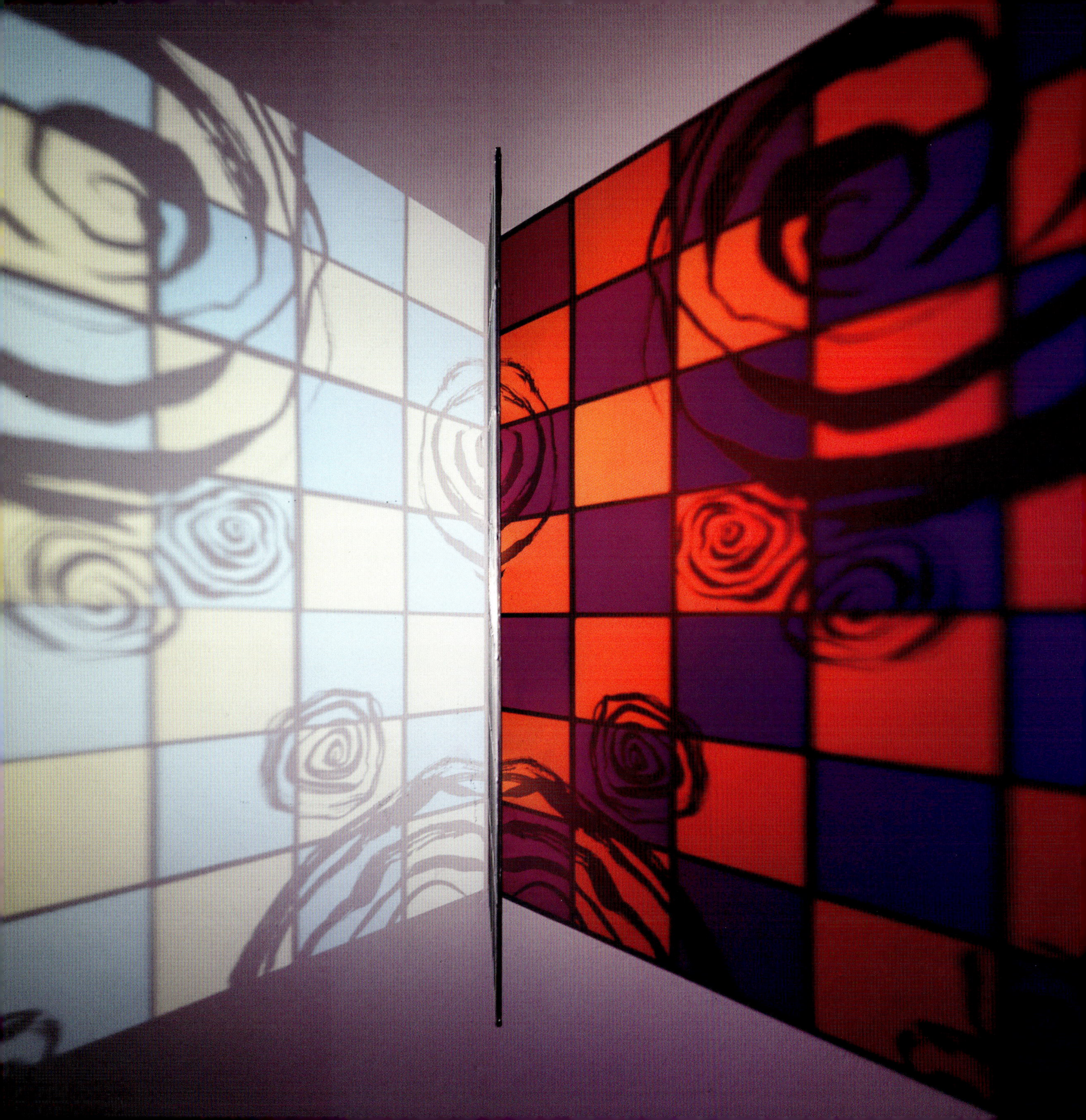

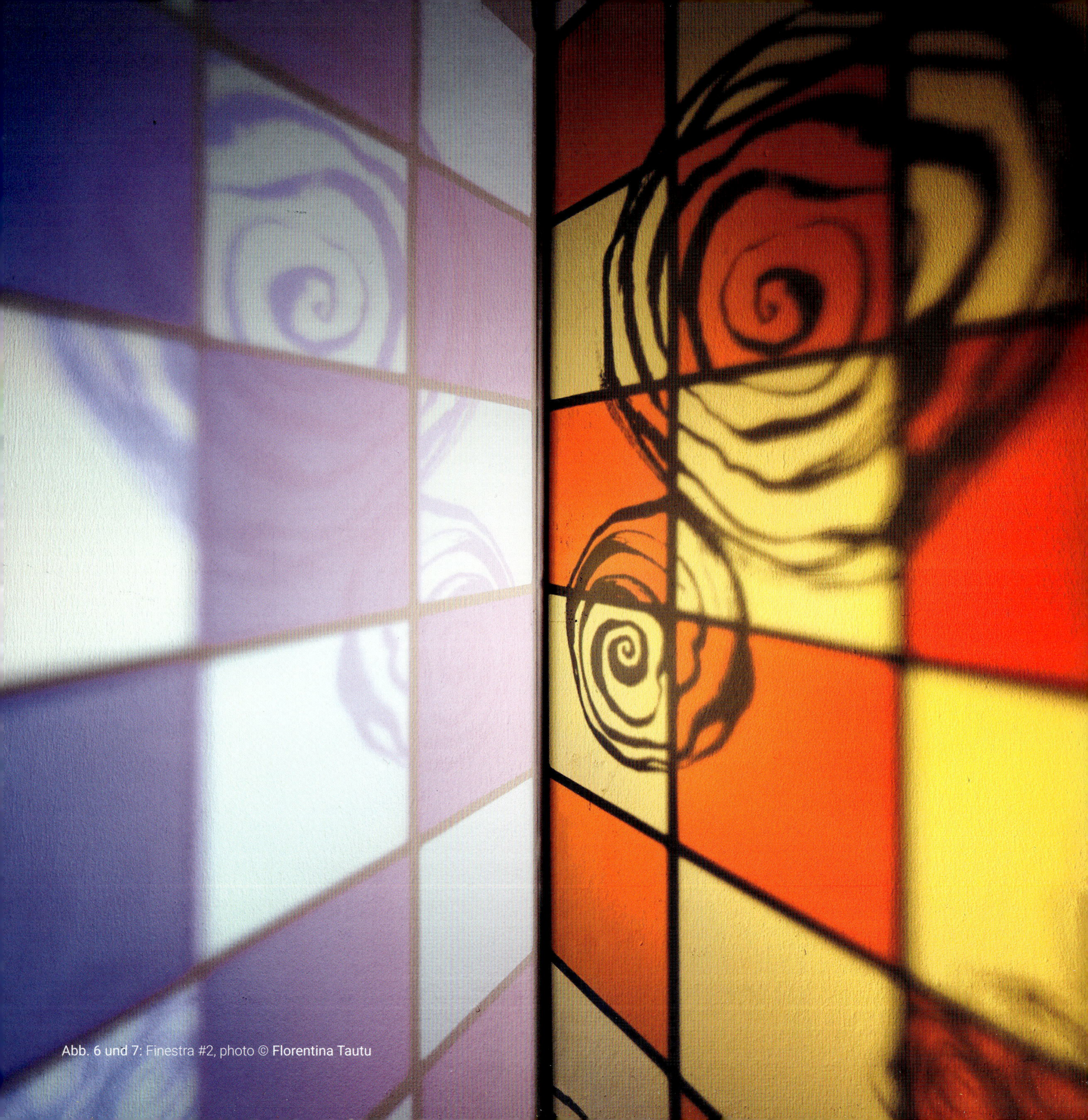

Abb. 6 und 7: Finestra #2, photo © Florentina Tautu

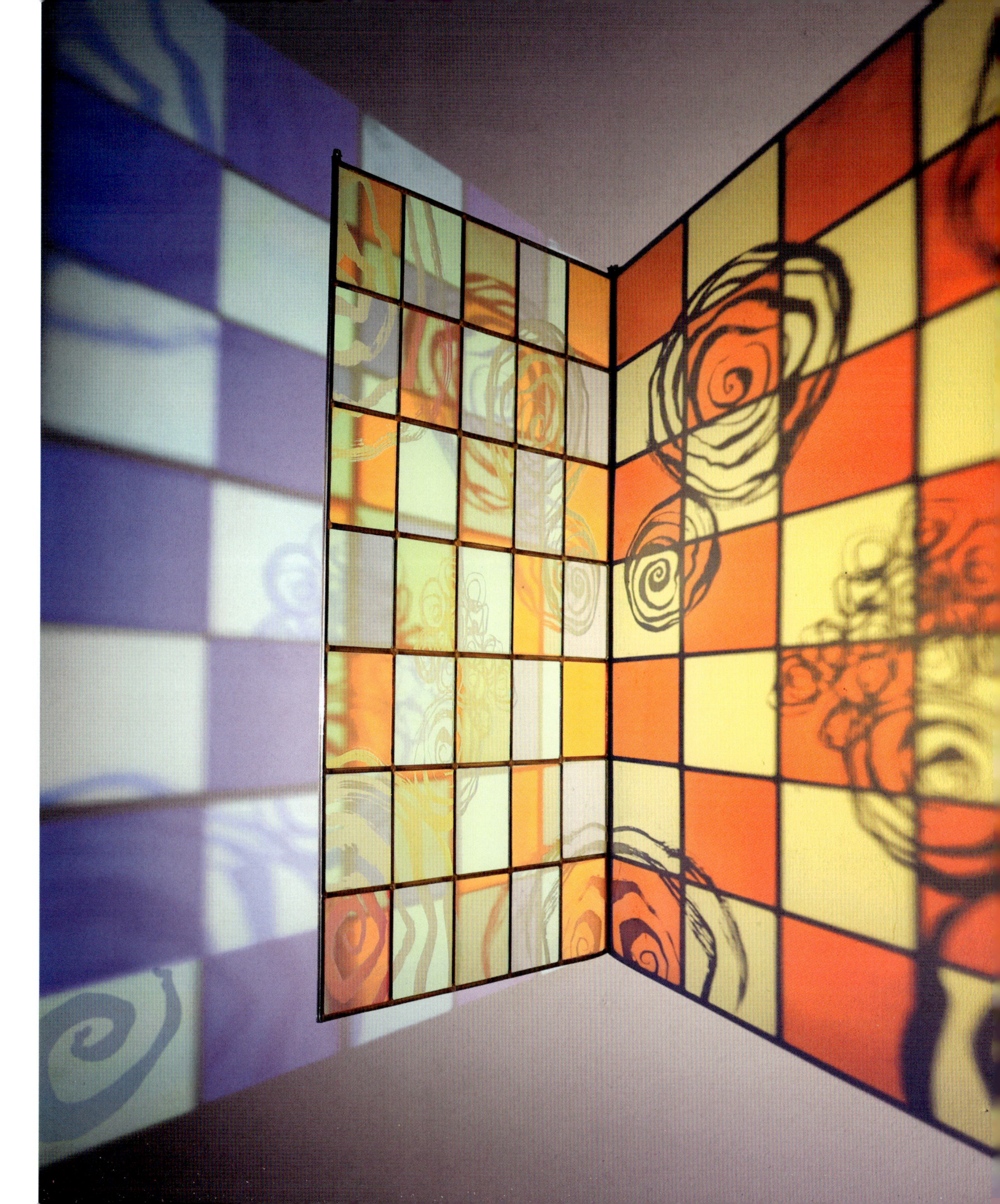

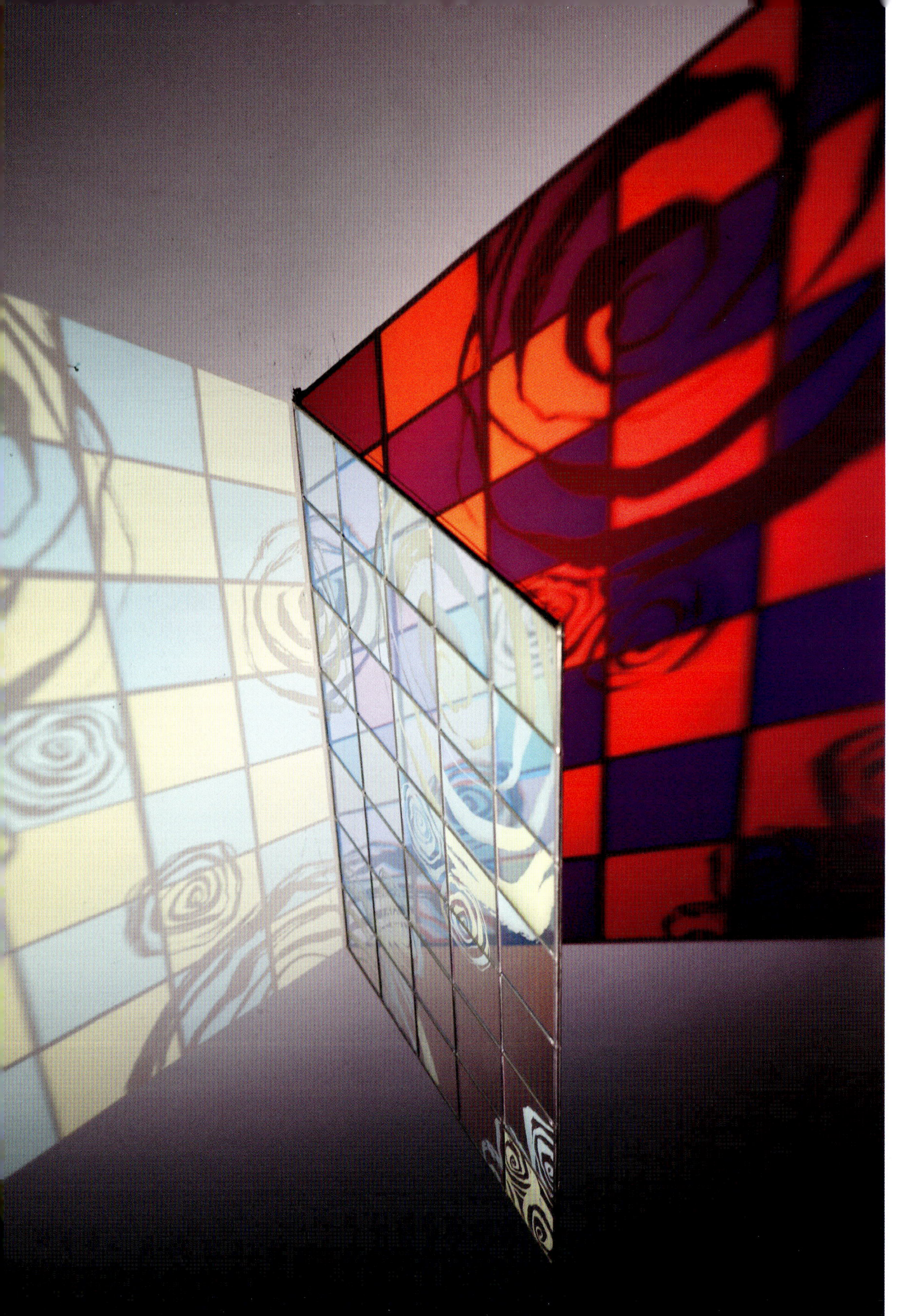

Die Werkserie *Finestra* vereint traditionelles Handwerk mit moderner Lichtkunst. Die traditionelle Bleiverglasung fasst die einzelnen Glasscheiben zusammen und bildet eine geometrische Struktur, die an klassische Kirchenfenster erinnert, jedoch durch eine moderne, digitale und experimentelle Ästhetik erweitert wird.
Die changierende Farbveränderung der dichroitischen Gläser wird durch partielle Sandstrahlung in farbige Schatten und in ein Spiel zwischen Transparenz und Opazität subtil vertieft. Dabei entstehen dynamische Wechselwirkungen und Überlagerungen von Licht, Farbe und Transluzenz. Diese Eigenschaften verleihen den Fenstern eine beinahe lebendige Präsenz in allen Dimensionen, die sich im Tagesverlauf ständig verändert.

The *Finestra* series combines traditional craftsmanship with modern light art. Traditional lead glazing holds the individual glass panes together and forms a geometric structure reminiscent of classic church windows, but enhanced by a modern, digital, and experimental aesthetic. The iridescent color change of the dichroic glass is subtly enhanced by partial sandblasting, creating colored shadows and a play between transparency and opacity. This results in dynamic interactions and overlays of light, color, and translucency. These characteristics give the windows an almost living presence in all dimensions, which changes constantly throughout the whole day.

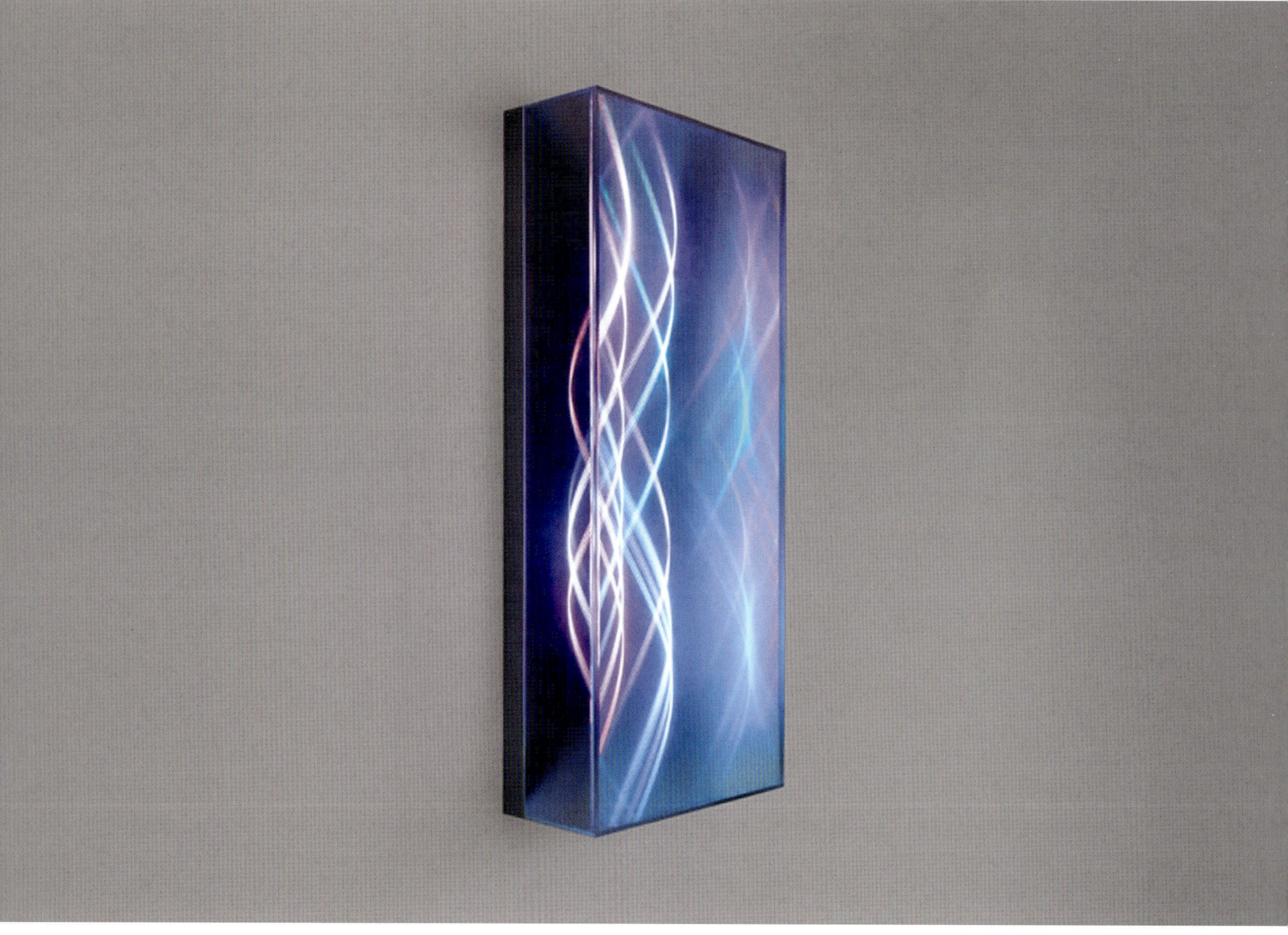

Abb. 9: Superstring Fluid #1, 70 × 30 × 10 cm, photo © **Florentina Tautu**

„Es gibt einen Riss, einen Riss in allem.
So kommt das Licht herein.“

"There is a crack, a crack in everything
That's how the light gets in."
Leonard Cohen

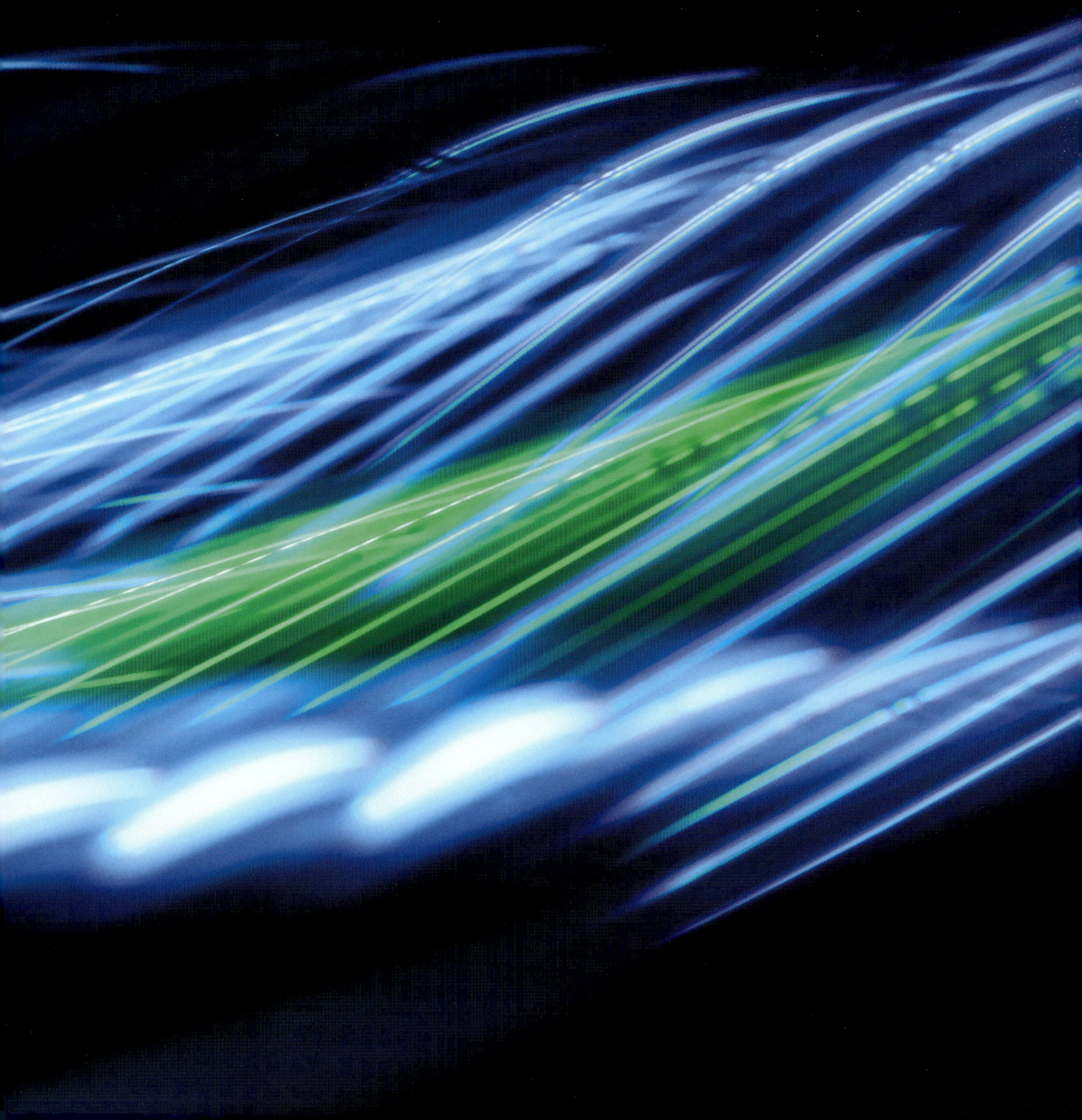

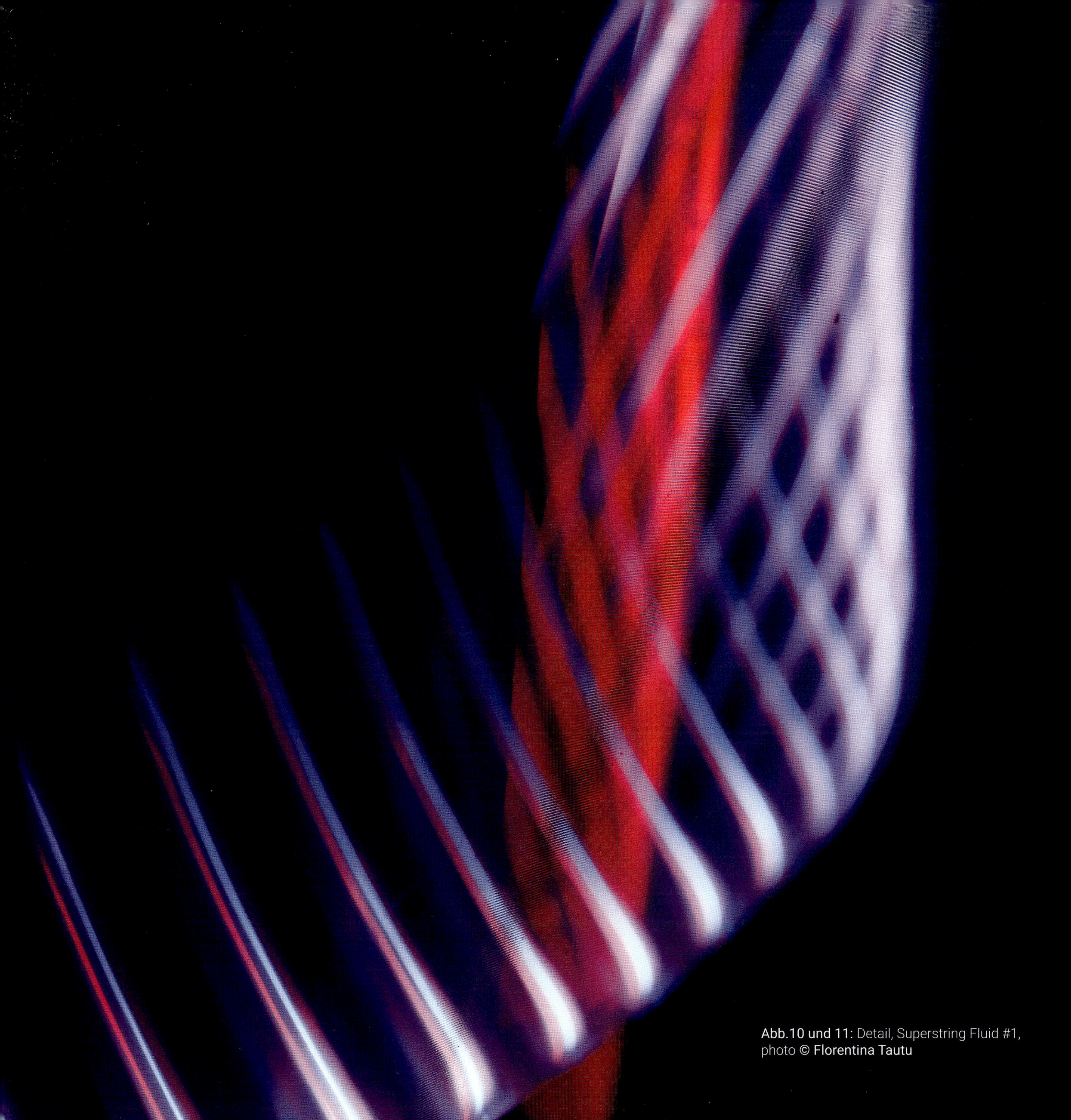

Abb.10 und 11: Detail, Superstring Fluid #1,
photo © Florentina Tautu

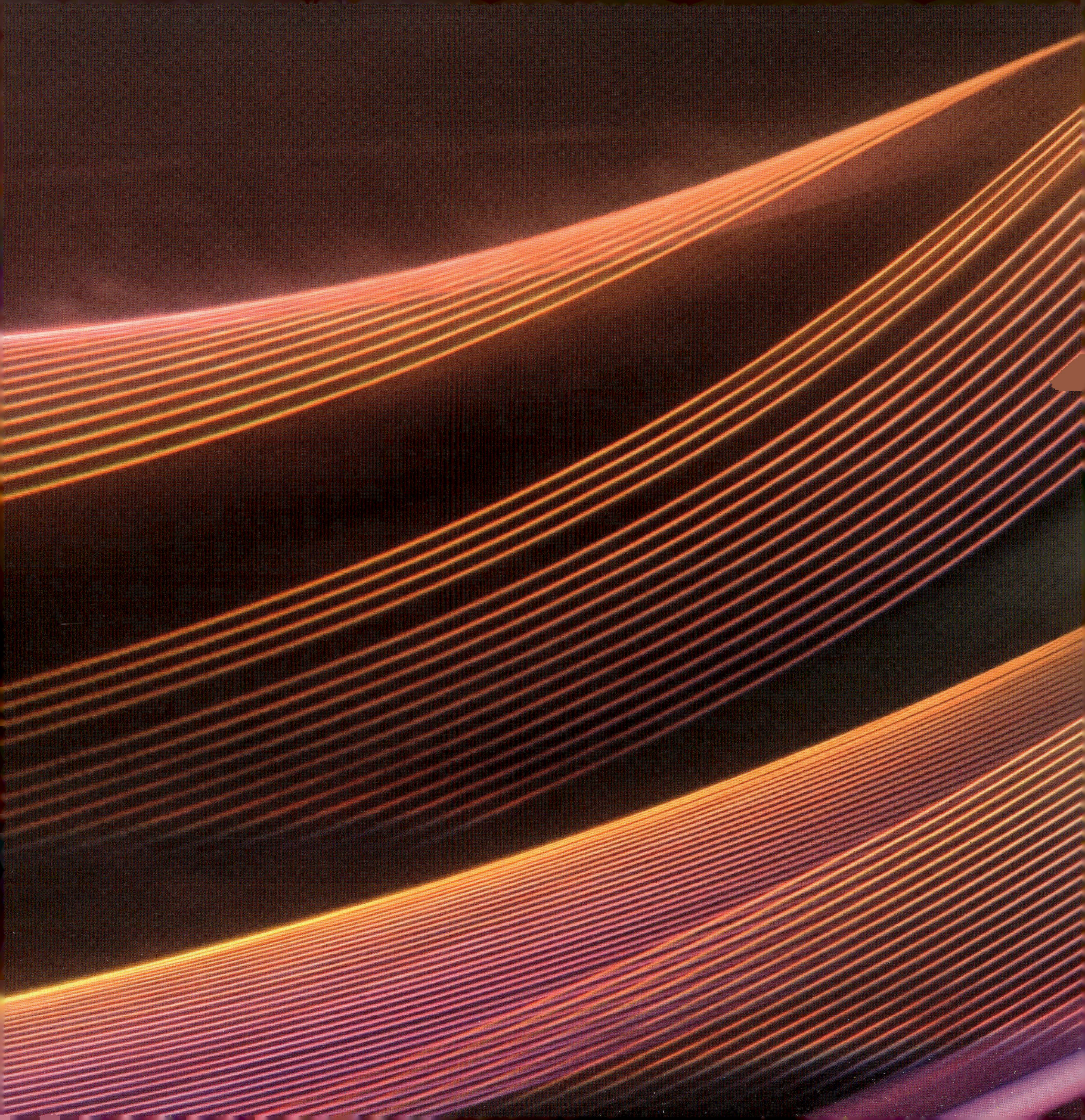

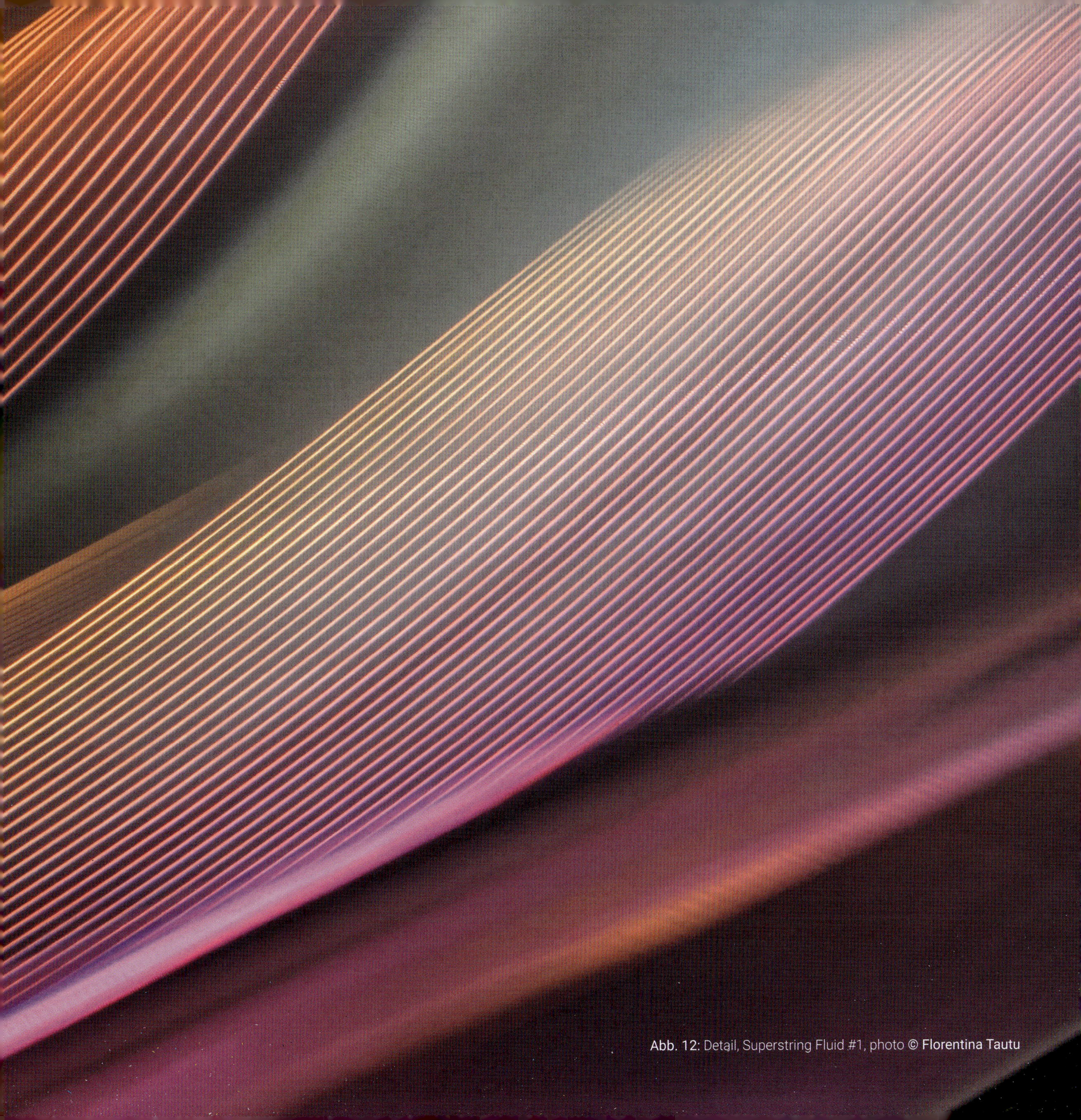

Abb. 12: Detail, Superstring Fluid #1, photo © Florentina Tautu

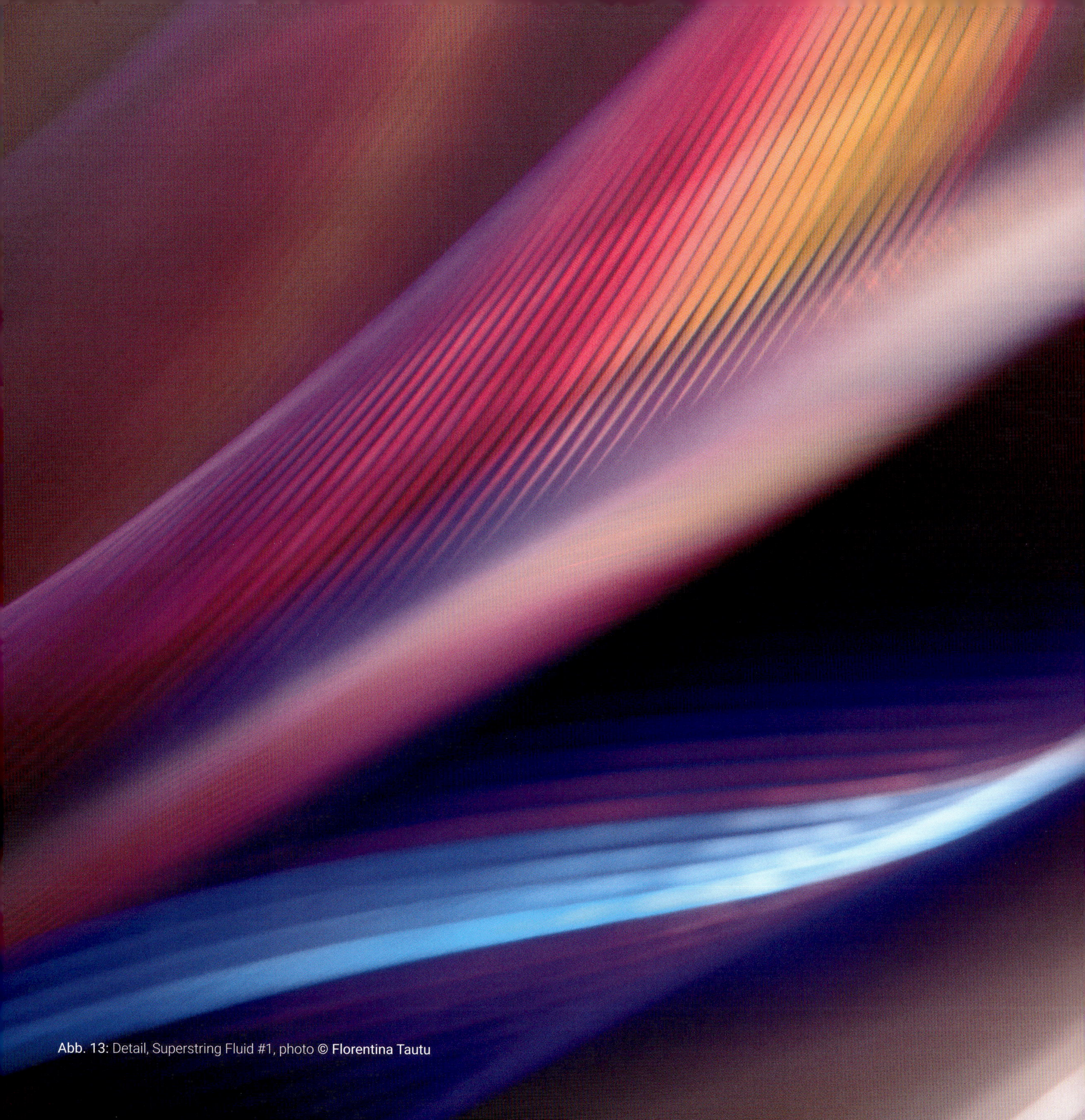

Abb. **13**: Detail, Superstring Fluid #1, photo © **Florentina Tautu**

Diese Lichtobjekte spielen mit der Kombi-
nation aus eigens entwickelten LEDs und
speziell darauf abgestimmten Rasterlinsen.
Die Lichtpunkte werden über die Linsen je
nach Perspektive in die Unendlichkeit
gebogen und zeigen sich immer wieder neu
– immer unfassbar, immer nur im Jetzt.
Die meditative und immersive Wirkung
fordert die Betrachter*innen geradezu
auf, sich zu bewegen und die wechselnden
Reflexionen, Bewegungen und den entste-
henden Raum neu zu entdecken.
Die Verschmelzung von Material und Licht
in optischer Illusion macht dieses Werk zu
einer Grenzerfahrung zwischen Skulptur,
Malerei und physikalischem Phänomen.
Die Objekte können mit einem im Rahmen
integrierten Touchpad gesteuert werden
und besitzen mehrere interaktive, statische
und dynamische Effekte.

These light objects play with a combination
of specially developed LEDs and precisely
designed grid lenses.
Depending on the perspective, the points of
light are bent into infinity by the lenses and
reappear again and again in new ways—
always incomprehensible, always only in
the present moment. The meditative and
immersive effect invites the viewers to move
and rediscover the changing reflections,
movements, and the space that emerges.
The fusion of material and light in optical
illusion makes this work a threshold experience between sculpture, painting, and
physical phenomenon. The objects can
be controlled with a touchpad integrated
into the frame and have several interactive,
static, and dynamic effects.

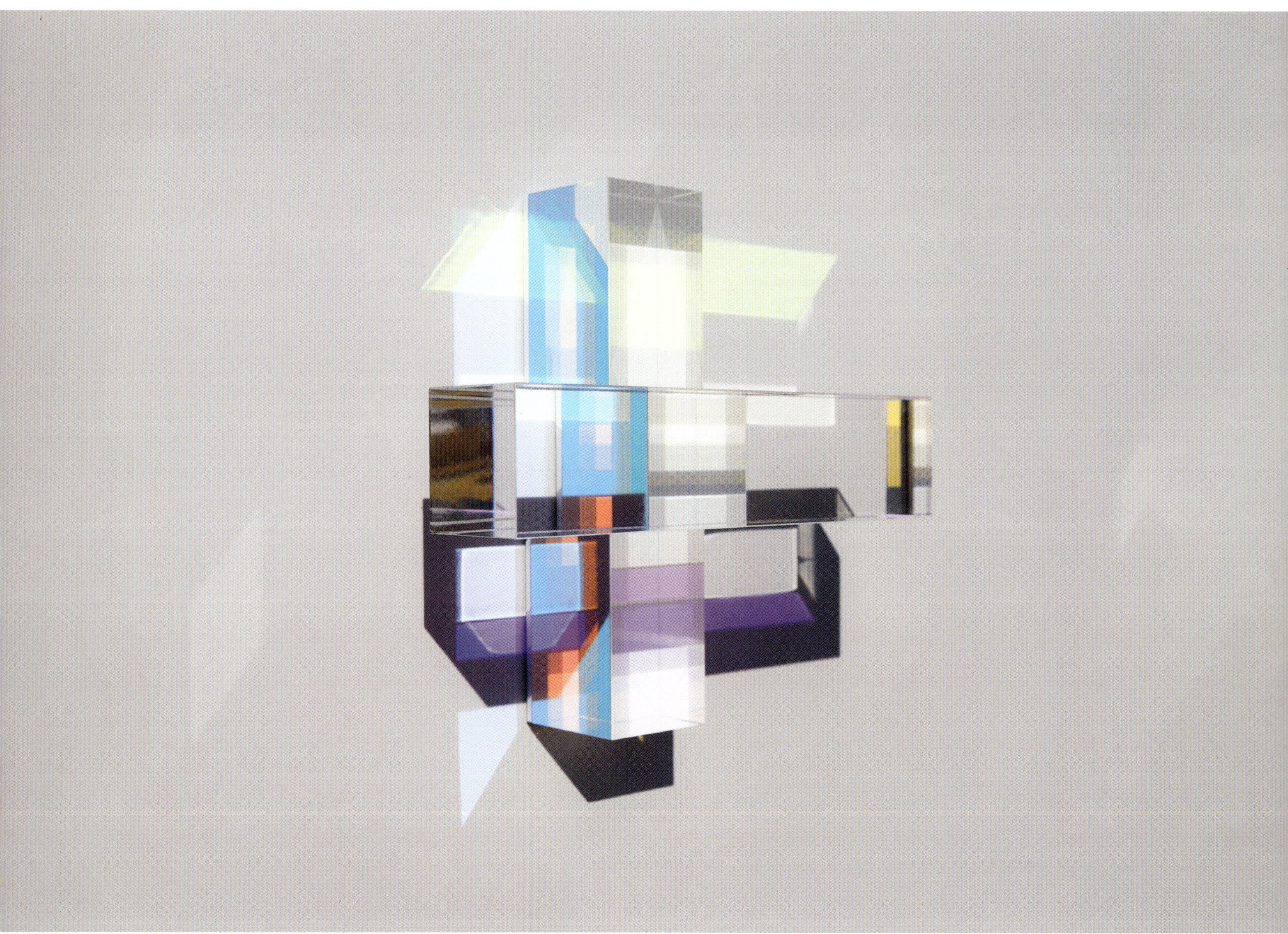

Abb. 14: LightEdge, 15 × 15 × 7,5 cm, dichroitisch beschichtetes Plexiglas / *LightEdge, 15 × 15 × 7,5 cm, dichroic coated plexiglas,* photo © Fabian Gatermann

„Licht ist nicht so sehr etwas,
was aufdeckt, enthüllt;
es deckt sich selbst auf, enthüllt sich selbst."

"Light is not so much something that uncovers, reveals;
it uncovers itself, reveals itself."
James Turrell

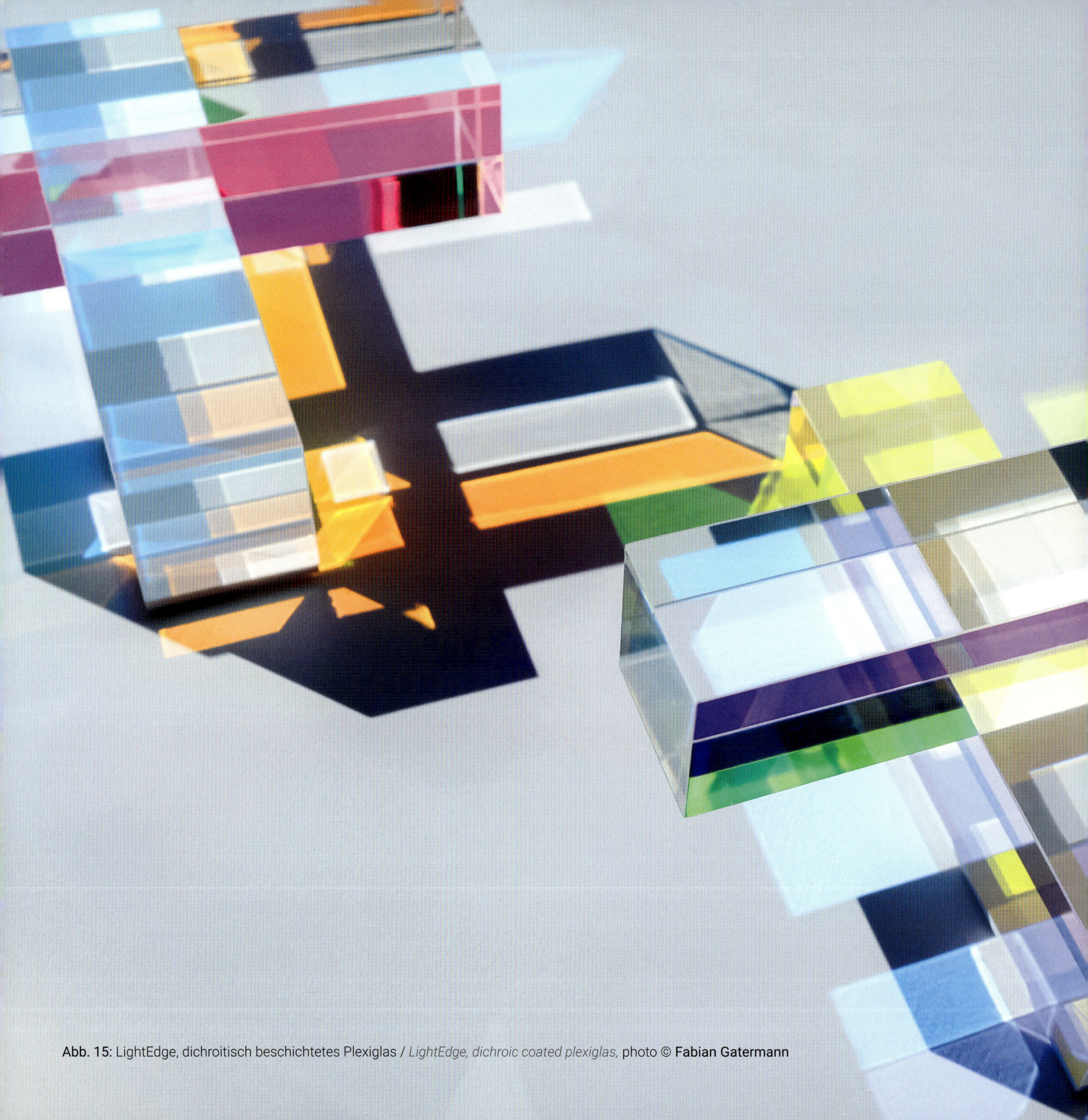

Abb. 15: LightEdge, dichroitisch beschichtetes Plexiglas / *LightEdge, dichroic coated plexiglas,* photo © **Fabian Gatermann**

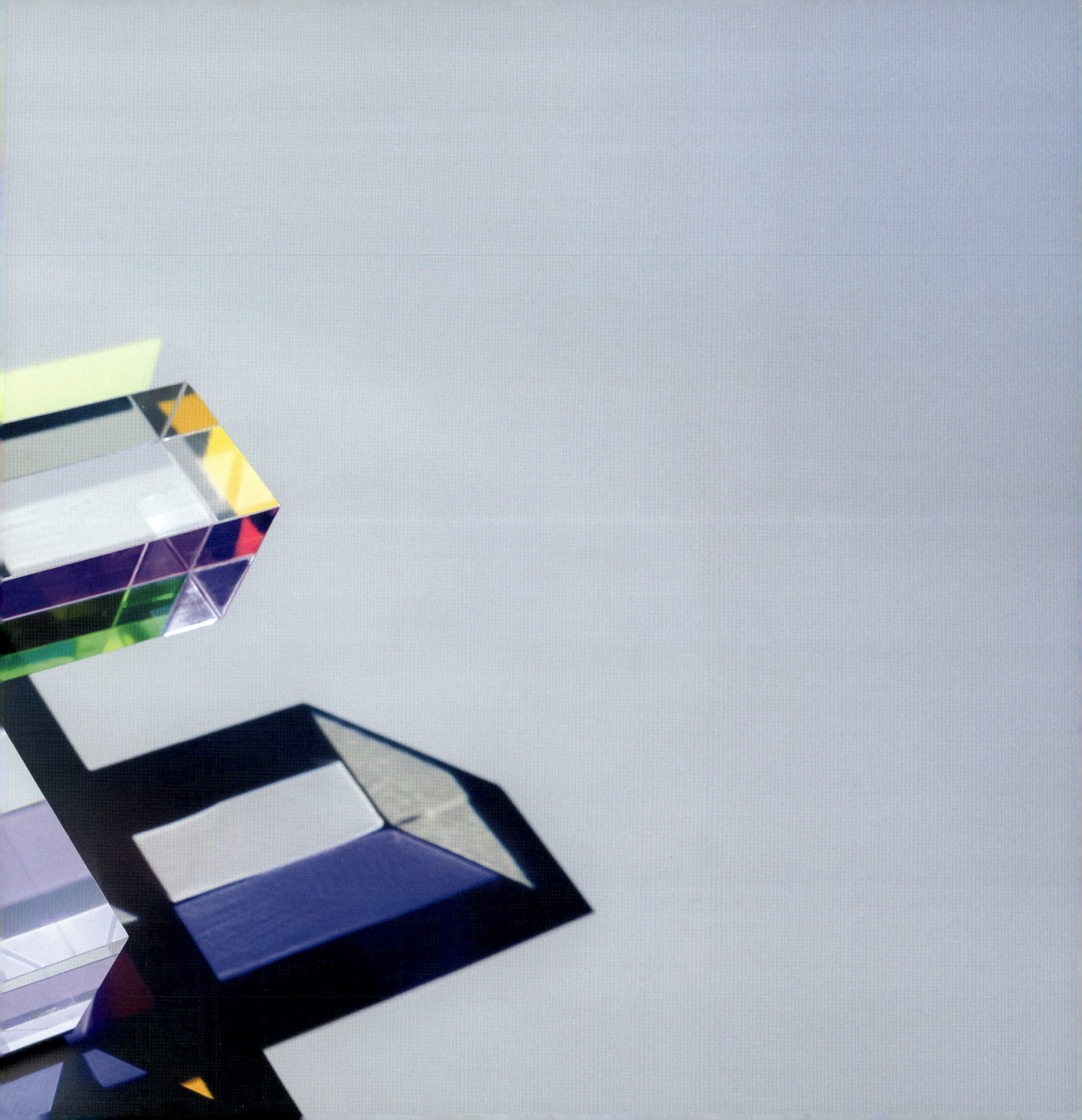

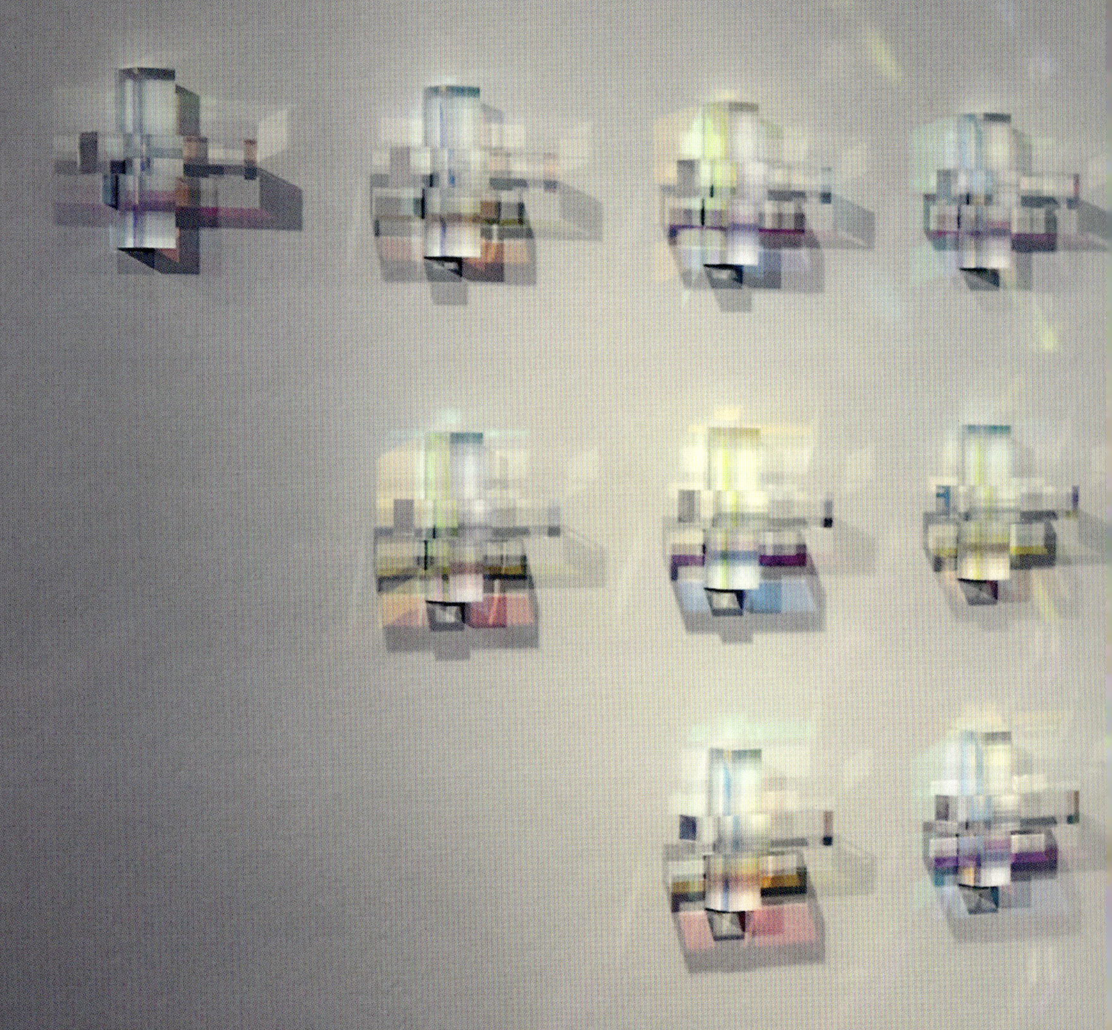

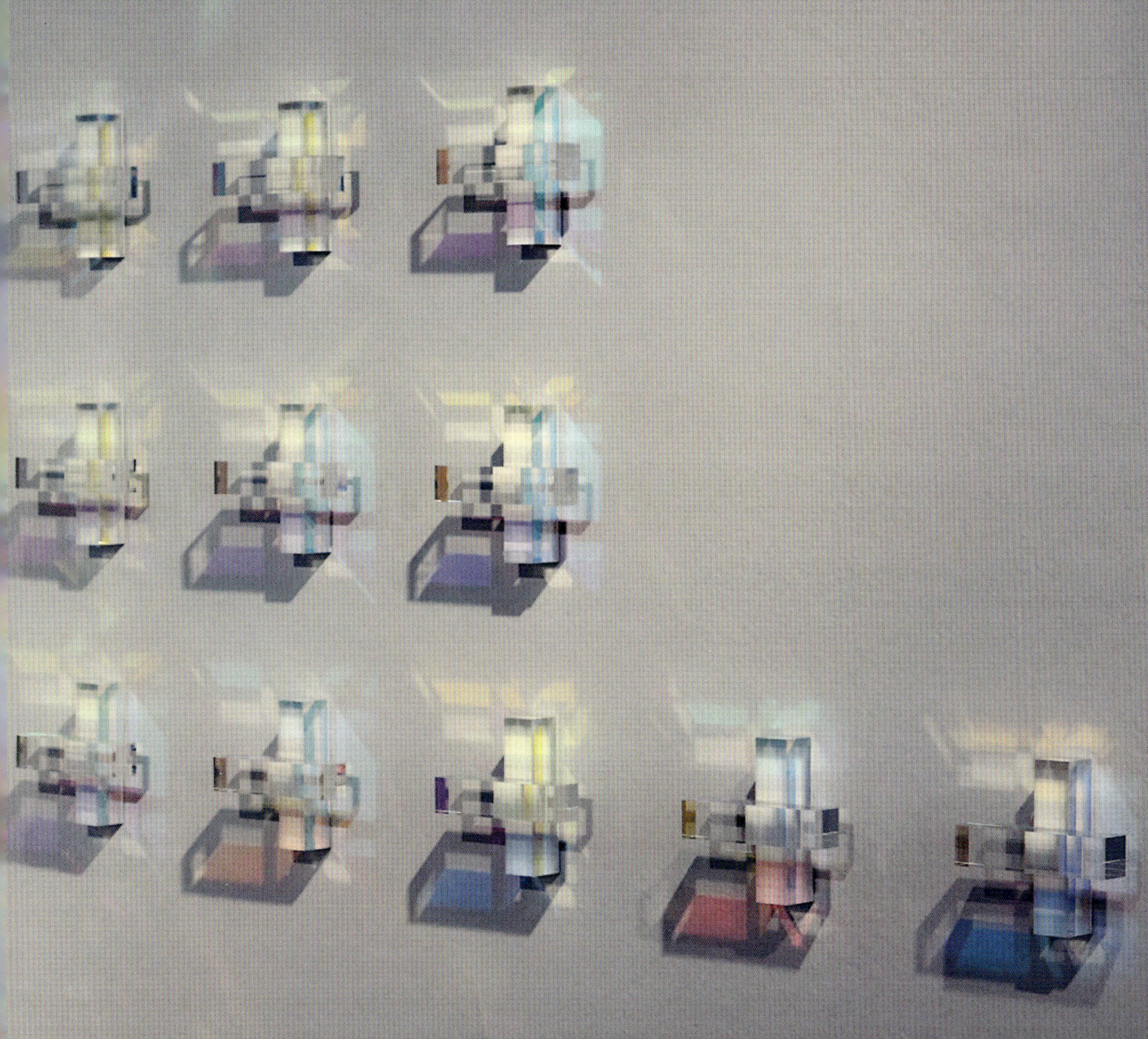

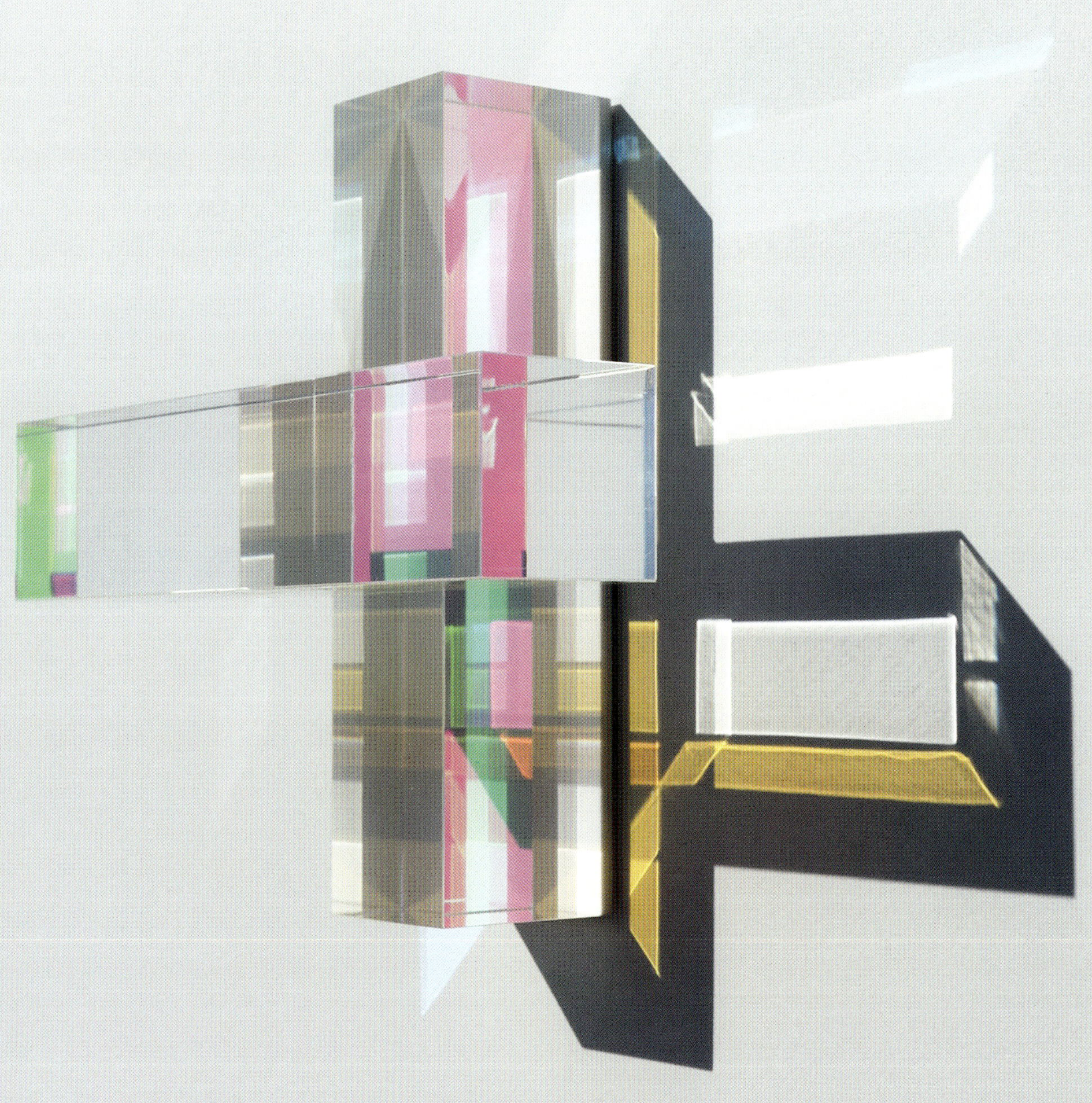

Abb. 17: LightEdge, dichroitisch beschichtetes Plexiglas / *LightEdge, dichroic coated plexiglas,* photo © **Fabian Gatermann**

Das *LightEdge* ist ein Kreuz, das aus zwei beschichteten Plexiglasquadern besteht. Seine Form, Farbe, Volumen und seine Transparenz verändern sich je nach Perspektive und Lichteinfall. Das Kreuz „atmet" im Rhythmus des Lichts: Aus einer nahezu farblosen, transluzenten Erscheinung entfalten sich zusätzliche farbige Formen, Reflexionen und Schatten – weit über die Grenzen des ursprünglichen Kreuzes hinaus.
Wann beginnt das Objekt – und wo hört es auf? Das Kunstwerk spielt mit der räumlichen Begrenzung eines Objekts und mit seiner optischen wie zeitlichen Auflösung im Licht. Die *LightEdges* verändern sich fortwährend – im Licht und im Blick der Betrachter*innen. Immer nur im Moment, ganz in Präsenz

The *LightEdge* is a cross composed of two coated Plexiglas cubes. Its shape, color, volume, and transparency shift depending on the perspective and incidence of light. The cross "breathes" in rhythm with the light: from an almost colorless, translucent appearance,
additional colored shapes, reflections, and shadows unfold—far beyond the boundaries of the original cross.
When does the object begin—and where does it end? The artwork plays with the spatial limitations of an object and with its optical and temporal dissolution in light. The *LightEdges* are in constant transformation—in the light and in the viewers' gaze. Always only in the moment, completely in the present.

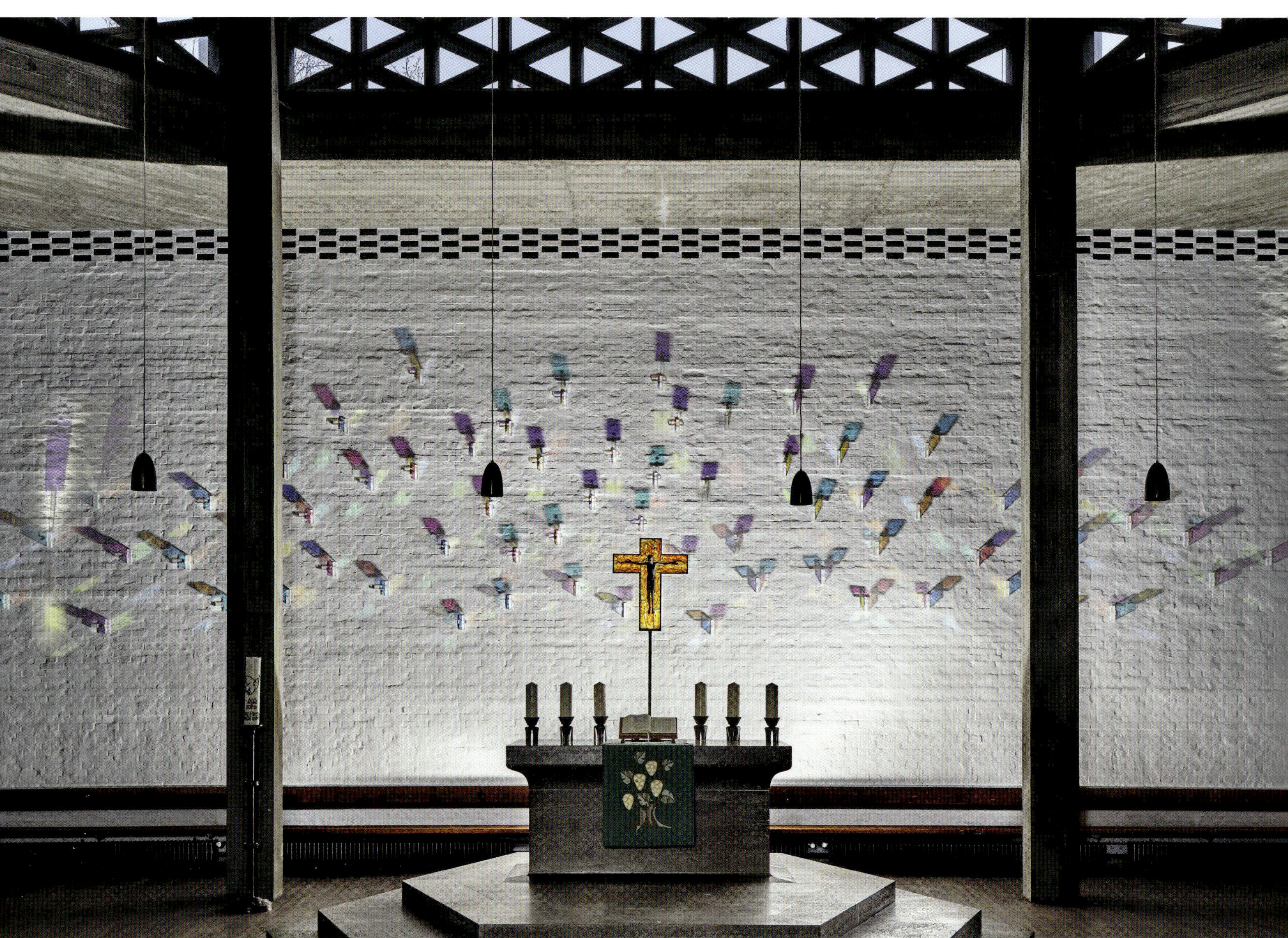

Abb. 18: Lichtkreuzung, Artionale 2019, Resonanzen, Nazarethkirche München
Lichtkreuzung, Artionale 2019, Resonanzen, Immanuel Nazareth Church, Munich, photo © **Siegfried Wameser 2019**

„Du bist der Himmel.
Alles andere ist nur das Wetter."

"You are the sky.
Everything else – it's just the weather."
Pema Chödrön

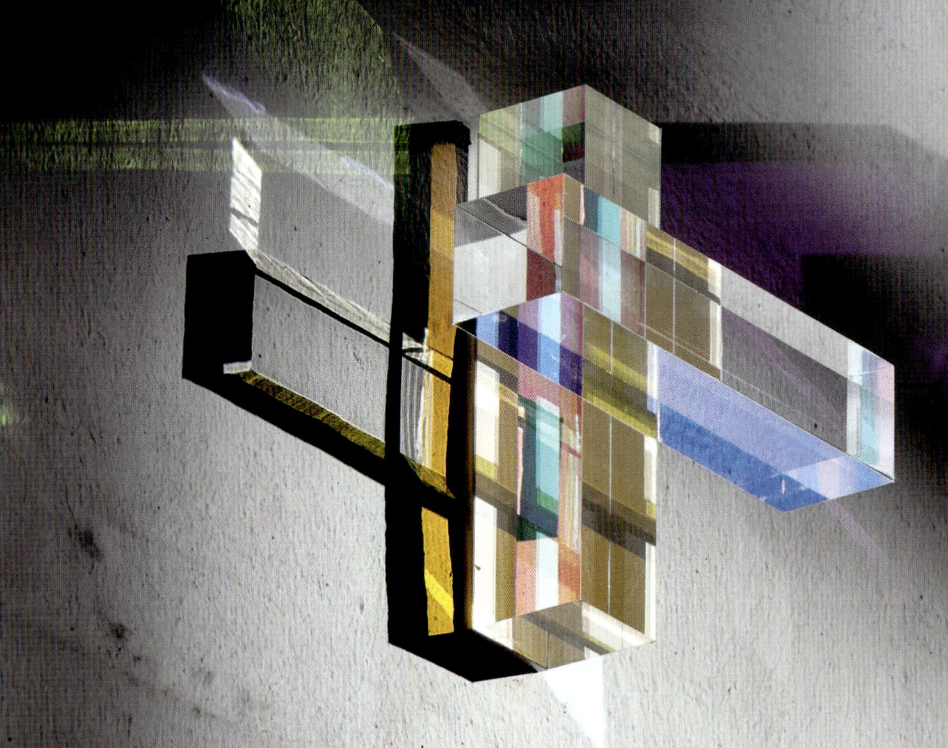

Abb. 19 und 20: Lichtkreuzung, Artionale 2019, Nazarethkirche München
Lichtkreuzung , Artionale 2019, Immanuel Nazareth Church, Munich, photo © Siegfried Wameser 2019

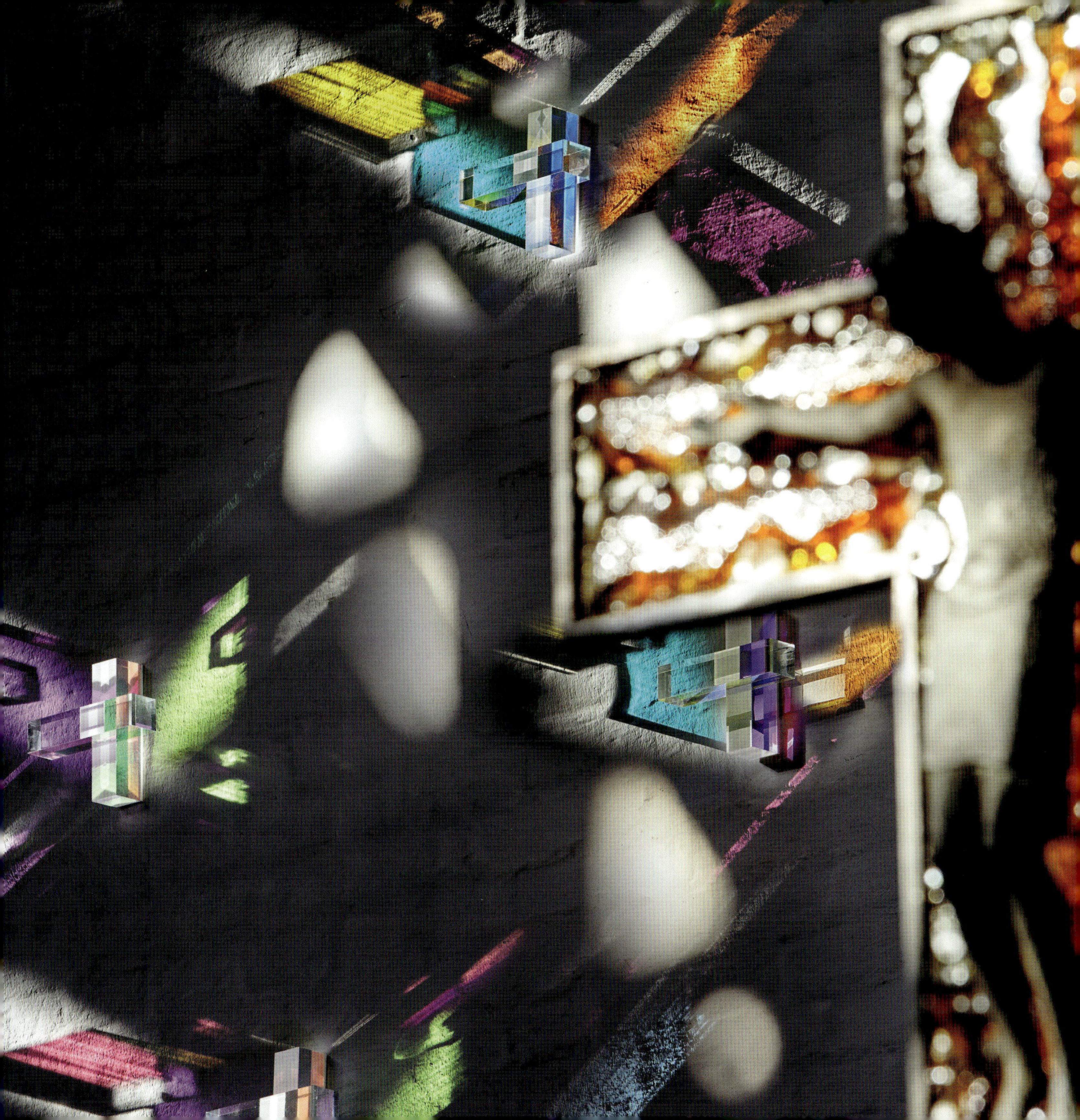

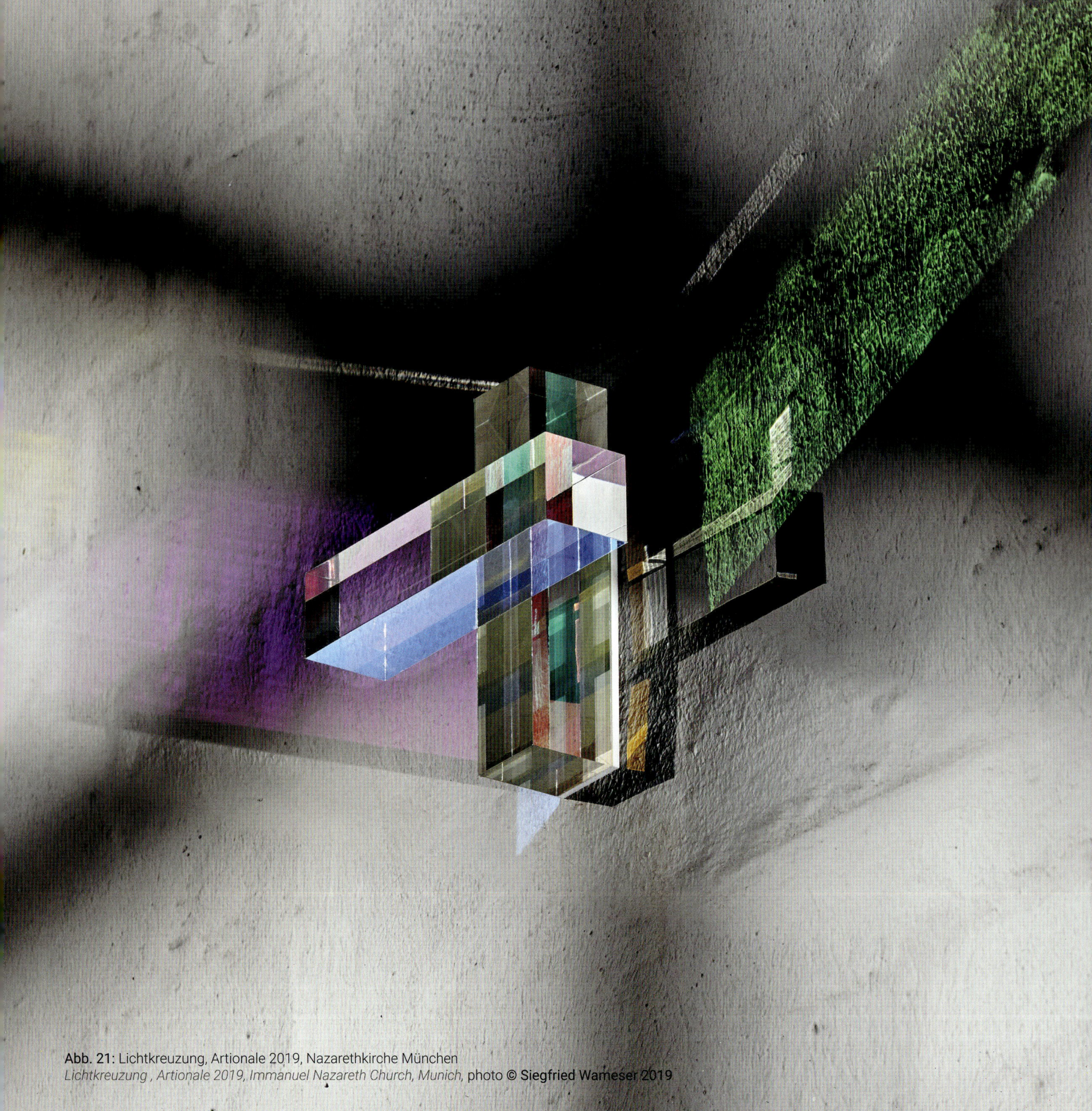

Abb. 21: Lichtkreuzung, Artionale 2019, Nazarethkirche München
Lichtkreuzung , Artionale 2019, Immanuel Nazareth Church, Munich, photo © Siegfried Wameser 2019

1) Text: Benita Meißner: Programmheft der Artionale 2019, Tage für neue
Musik und Gegenwartskunst in evangelischen Kirchen Münchens
text: Benita Meißner: Program booklet for Artionale 2019, Days for New Music
and Contemporary Art in Protestant Churches in Munich.

Die zeltartige Struktur des dunklen Kirchenraumes wurde durch die Rauminstallation von Fabian Gatermann in einen lichten Sternenkosmos verwandelt. Unzählige kleinere Objekte brechen das im Raum zusätzlich angebrachte Licht und lassen die weißen Wände in allen Regenbogenfarben aufscheinen. Die Elemente bestehen aus zwei beschichteten länglichen Plexiglasquadern, die zu griechischen Kreuzen zusammengefügt wurden. Das einfallende Licht wird von den Kreuzen, ähnlich wie bei einem Prisma, in alle Spektralfarben aufgefächert. Die Objekte sind hinter dem Altar in regelmäßigen Abständen auf der Wand montiert. Die Installation lädt die Betrachter*innen zur Interaktion ein, da sich die Farbwahrnehmung je nach Betrachtungswinkel verändert.[1]

Fabian Gatermann's installation transformed the tent-like structure of the dark church interior into a luminous starry cosmos. Countless small objects refract the additional light installed in the room, causing the white walls to glow in all the colors of the rainbow. The elements consist of two coated, elongated Plexiglas cubes joined together to form Greek crosses. The incoming light is refracted by the crosses into all spectral colors, similar to a prism.
The objects are mounted on the wall behind the altar at regular intervals. The installation invites the viewers to interact with it, as the perception of color changes depending on the viewing angle.[1]

IN SICH

RUHEN, Exzerpt aus: Weisheit und Lebenswissen des Zen-Meister Rinzai[1]
IN SICH RUHEN, excerpt from: Wisdom and Life Knowledge of the Zen Master Rinzai[1]
DORIS MYÔEN ZÖLLS
Evangelische Theologin, Autorin und Zen-Meisterin
Protestant theologian, author, and Zen master

Für immer Gegenwart und Vergangenheit zu transzendieren, ist der Leib der vollkommenen Weisheit.[2]

Die Gegensätze zu transzendieren, bringt eine neue Dimension hervor. Wenn wir in den Gegensätzen gefangen bleiben, wenn wir das eine im Gegensatz zum anderen sehen, sind wir hin- und hergerissen. Wir sind zerrissen. Die neue Dimension zu erfahren, das Transzendieren von Vergangenheit und Gegenwart, die Gegensätze zu übersteigen, bringt den Körper der vollkommenen Weisheit hervor. Diese Weisheit wird im Herz-Sutra *„Prajnaparamita"* genannt. Es ist die Weisheit, die nicht im Intellekt wurzelt, sondern aus dem Herzen kommt, aus unserer Mitte, wenn uns sozusagen das Herz aufgeht. Diese Weisheit zeigt sich als Mitgefühl, das Mitleid bei weitem übertrifft, weil Mitgefühl die wechselseitigen Abhängigkeiten erkennen lässt. Alles steht miteinander in Beziehung, doch wir begrenzen diese Abhängigkeiten auf den Gedanken von Ursache und Wirkung.

1) S. 166–169 / p. 166–169, Patmos Verlag, Ostfildern 2025
2) Zitiert aus / quoted from: Linji Yixuan (jap.: Rinzai Roku), „Das Denken ist
ein wilder Affe", München 1996 und Shulazi, „Morgengespräche im Kloster des
Abtes Linji", herausgegeben von Laszlo Sari, Schiedlberg 2003

*Transcending the present and
the past forever is the body of
perfect wisdom.*[2]

Transcending the opposites brings forth a new dimension. If we remain trapped in the opposites, if we see one in contrast to the other, we are torn. We are torn. Experiencing the new dimension, transcending past and present, transcending the opposites, brings forth the body of perfect wisdom. This wisdom is called *"Prajnaparamita"* in the Heart Sutra. It is the wisdom that is not rooted in the intellect, but comes from the heart, from our center, when our heart opens, so to speak. This wisdom manifests itself as compassion, which far surpasses compassion, because compassion allows us to recognize interdependence. Everything is interdependent, but we limit these interdependencies to the idea of cause and effect. However, interdependence is not subject to time like cause and effect, which only describe a fraction of what constitutes reality.

Wechselseitige Abhängigkeit ist aber nicht der Zeit unterworfen wie Ursache und Wirkung, die damit nur einen Bruchteil dessen beschreiben, was die Wirklichkeit ausmacht. Mit dem Gedankengebäude von Ursache und Wirkung dürfen wir nicht glauben, die Welt verstehen zu können. Die Wirklichkeit ist viel größer als das, was wir mit unseren alltäglichen Augen sehen. Mitgefühl ist das Erkennen von Zusammenhängen, aber nicht mithilfe des Intellekts, denn der ist konditioniert. Mitgefühl wird in dem Moment erfahren, in dem es weder Vorliebe noch Abneigung gibt. Es geschieht jenseits der Zeit und kann daher nur beschrieben werden, was das Erleben nicht annähernd wiedergeben kann. Rinzai nennt es den Körper der vollkommenen Weisheit, den wir in dem Moment erfahren, in dem wir die Gegensätze transzendieren, und er fährt fort:

‚Dieser Körper ist wie die drei Berge, die von zehntausend Schranken durchschnitten sind.[3]

Mit den drei Bergen sind vermutlich die mythischen Berge *Penglang Lai, Fangzang* und *Yingzhu* gemeint, die auf einer Insel liegen und schwer zugänglich sind. So wie diese drei Berge schwer zu erreichen sind, so ist auch der Körper der vollkommenen Weisheit schwer zu erreichen, es sei denn, man schneidet die zehntausend Schranken durch. Mit diesen zehntausend Schranken meint Rinzai all unsere Konditionierungen, all unsere Konzepte und Muster, die unzählig sind. Doch wie könnte man diese Muster jemals abschneiden? *„Ho!"*, ruft Rinzai als Antwort auf diese Frage. Nur im Augenblick lösen sich die zehntausend Schranken. Die transzendente Weisheit liegt nicht in ferner Zukunft, ich kann sie nicht erreichen, sie erscheint nicht durch Ursache und Wirkung, nicht durch „wenn ... dann". Die transzendente Weisheit ist der Augenblick, sie ist jetzt: *„Ho!"* Jetzt! Das Jetzt durchbricht alle Schranken. Das Jetzt verkörpert die vollkommene Weisheit. Rinzai und Daiji begegnen einander auf Augenhöhe.[4]

3) Zitiert aus / quoted from: Linji Yixuan (jap.: Rinzai Roku), „Das Denken ist ein wilder Affe", München 1996 und Shulazi, „Morgengespräche im Kloster des Abtes Linji", herausgegeben von Laszlo Sari, Schiedlberg 2003
4) Rinzai und Daiji duellieren sich auf philosophischer Ebene um das wahrhaftige Zen, Anm. des Künstlers / Rinzai and Daiji duel on a philosophical level over authentic Zen, artist's note

We must not believe that we can understand the world with the concept of cause and effect. Reality is much greater than what we see with our everyday eyes. Compassion is the recognition of connections, but not with the help of the intellect, because the intellect is conditioned. Compassion is experienced in the moment in which there is neither liking nor disliking. It happens beyond time and can therefore only be described in a way that cannot be approximated by experience. Rinzai calls it the body of perfect wisdom, which we experience the moment we transcend the opposites, and he continues:

This body is like the three mountains, which are intersected by ten thousand barriers.[3]

The three mountains probably refer to the mythical mountains of *Penglang Lai, Fangzang* and *Yingzhu*, which are located on an island and are difficult to access. Just as these three mountains are difficult to reach, the body of perfect wisdom is also difficult to reach unless one cuts through the ten thousand barriers. By these ten thousand barriers, Rinzai means all our conditioning, all our concepts and patterns, which are innumerable. But how could these patterns ever be cut? *"Ho!,"* Rinzai shouts in answer to this question. Only in the moment do the ten thousand barriers dissolve. The transcendent wisdom is not in the distant future, I cannot reach it, it does not appear through cause and effect, not through "if … then."

Auch er ruft sofort: „*Ho!*" Rinzai bestätigt: „*Ja, genau, nur im Jetzt ist sie erfahrbar.*" Daiji fordert Rinzai weiter heraus und fragt ihn: „*Und was ist jetzt?*" Diese Frage bezieht sich auf die Gefahr, den Augenblick zum Konzept zu machen. Aber wirklich da zu sein und unmittelbar das zu leben, was gerade ist, das kann nicht zum Konzept werden. Der Augenblick ist jedes Mal frisch. Er ist jedes Mal neu. In der Unmittelbarkeit zeigt sich die Wirklichkeit, sie entfaltet sich aus sich selbst heraus. Nicht ich mache den Augenblick, sondern der Augenblick öffnet sich. Die Frage von Daiji: „*Und, was ist jetzt? Wo ist dein Augenblick?*", beantwortet Rinzai wie folgt: Er schüttelt die Ärmel und geht weg. Das ist seine Darstellung, sein „*Ho!*" Das ist kein Konzept, das ist der Augenblick, das ist die Unmittelbarkeit. Auf wunderbare Weise demonstrieren die beiden Meister die transzendente Weisheit. Sie verwirklichen sie, nicht nur in ihren Worten, sie leben sie.

The transcendent wisdom is the moment, it is now: *"Ho!"* Now! The now breaks through all barriers. The now embodies perfect wisdom.Rinzai and Daiji meet at eye level. He also calls out immediately: *"Ho!"*
Rinzai confirms: *"Yes, exactly, it can only be experienced in the now."* Daiji challenges Rinzaiii further and asks him: *"And what is now?"* This question refers to the danger of turning the moment into a concept. But really being there and immediately living what is right now cannot become a concept. The moment is fresh every time. It is new every time. Reality reveals itself in immediacy, it unfolds out of itself. I don't make the moment, the moment opens up. Daiji's question: *"So, what is it now? Where is your moment,?"* Rinzai answers as follows: He shakes his sleeves and walks away. This is his performance, his *"Ho!"* This is not a concept, this is the moment, this is immediacy.
The two masters demonstrate transcendent wisdom in a wonderful way. They realize it, not only in their words, they live it.

ich du er sie they es wir ihr sie 2025
Neon Licht Installation / Neon Light Installation

„Licht ist der Ursprung allen Seins.
Das Licht gibt dem Sein in jedem Augenblick eine neue Form und den
Dingen neue Zusammenhänge..."

„Light is the origin of all being.
Light gives, with each moment, new form to being and new
interrelationships to things..."

Tadao Ando

Abb. 22.: Installationsansicht der Neonarbeit, circa 500 × 50 cm, 2025, Haus2
Installation view of the neon work, approx. 500 × 50 cm, 2025, Haus2, photo © **Nils Richter**

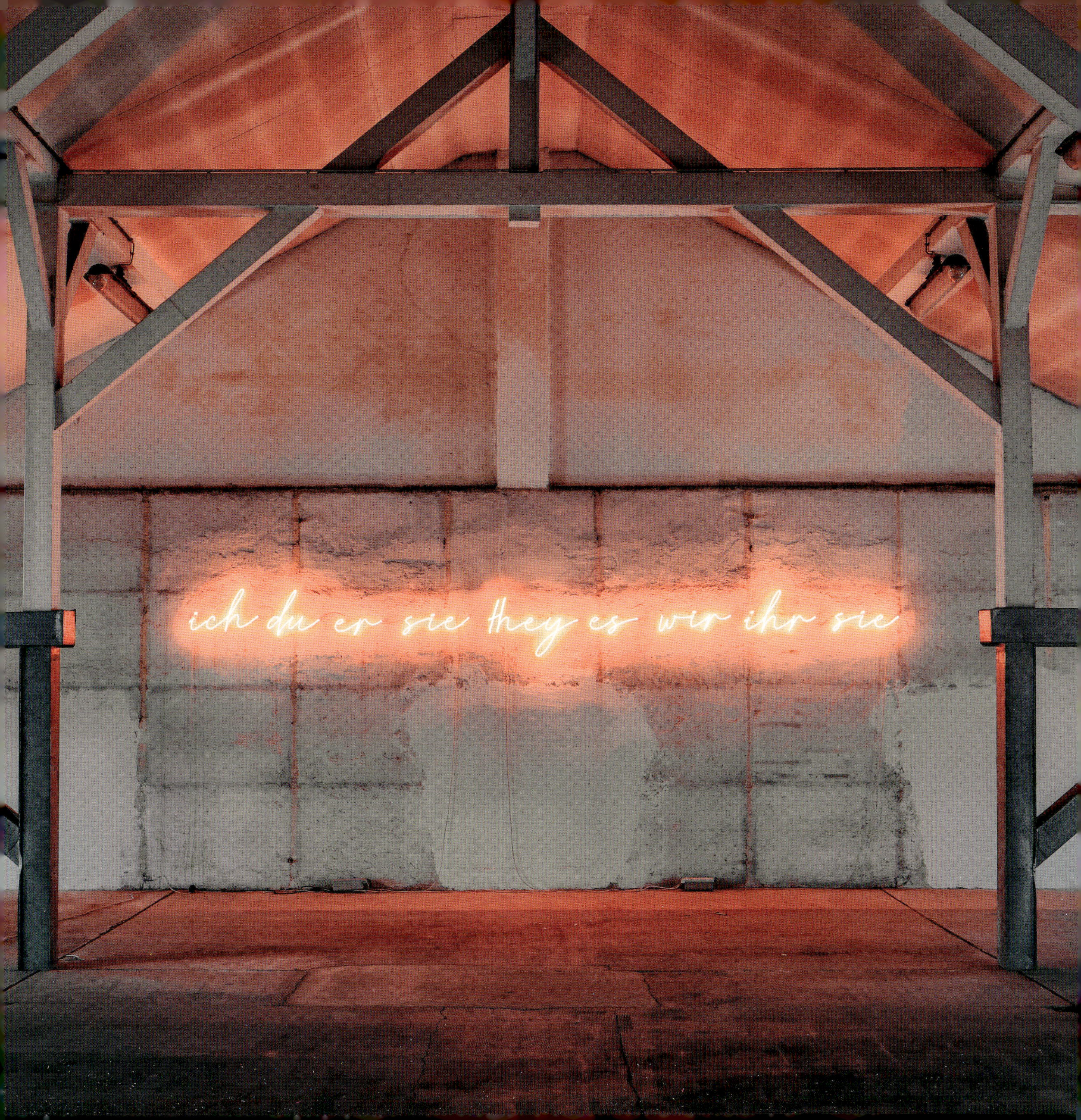

ich du er sie they es wir ihr sie

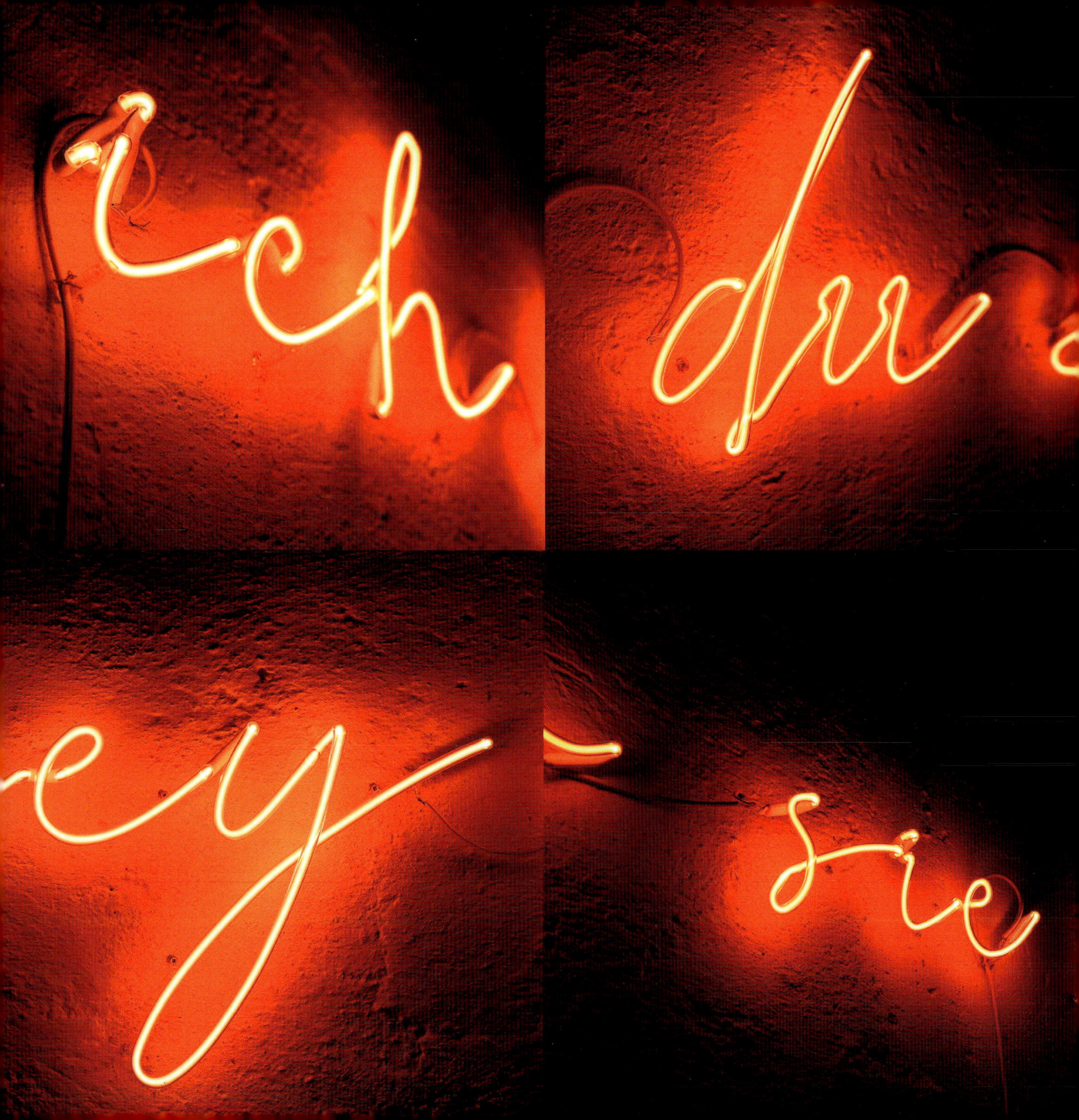

ich du

ey sie

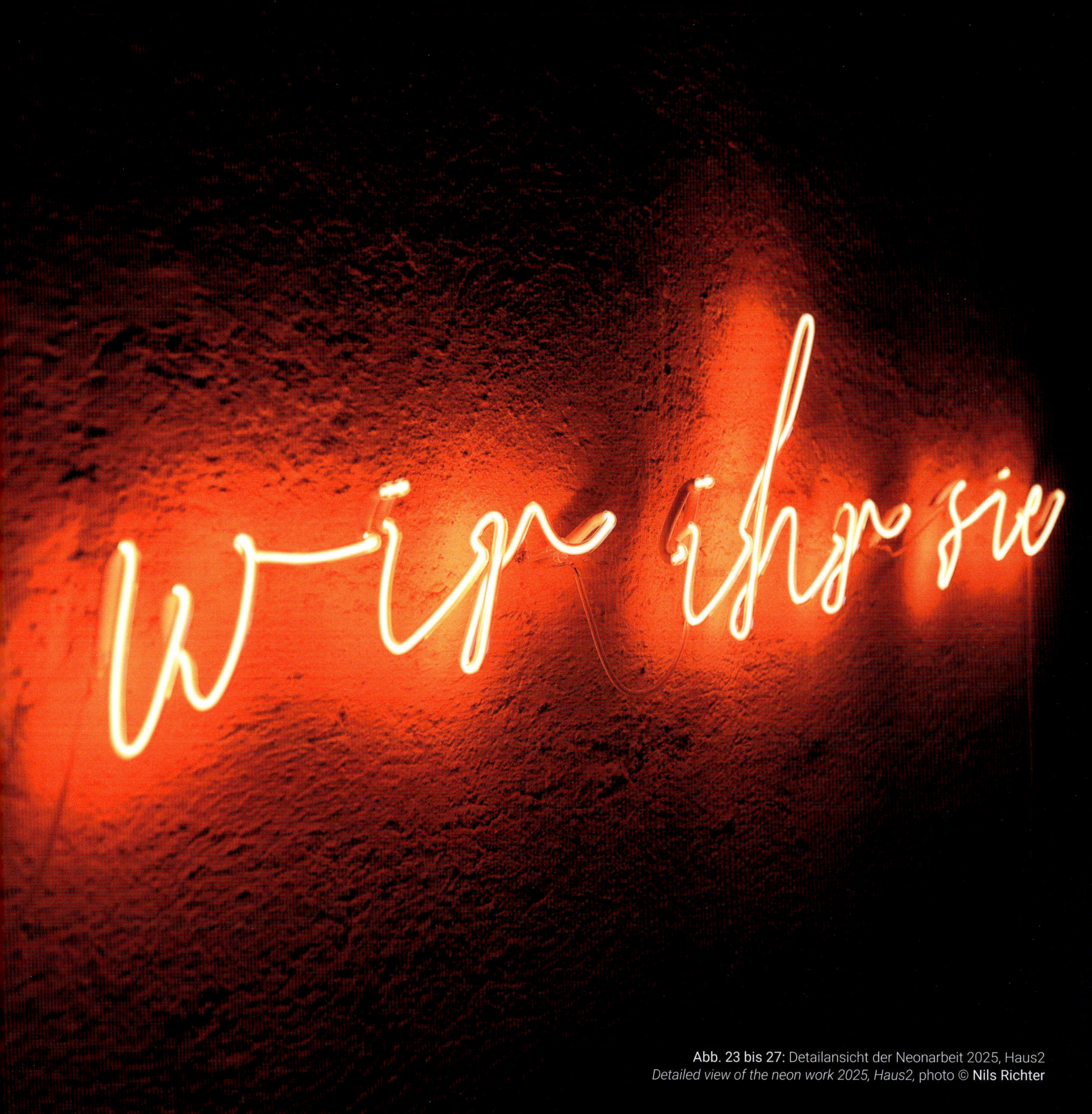

wir ihr sie

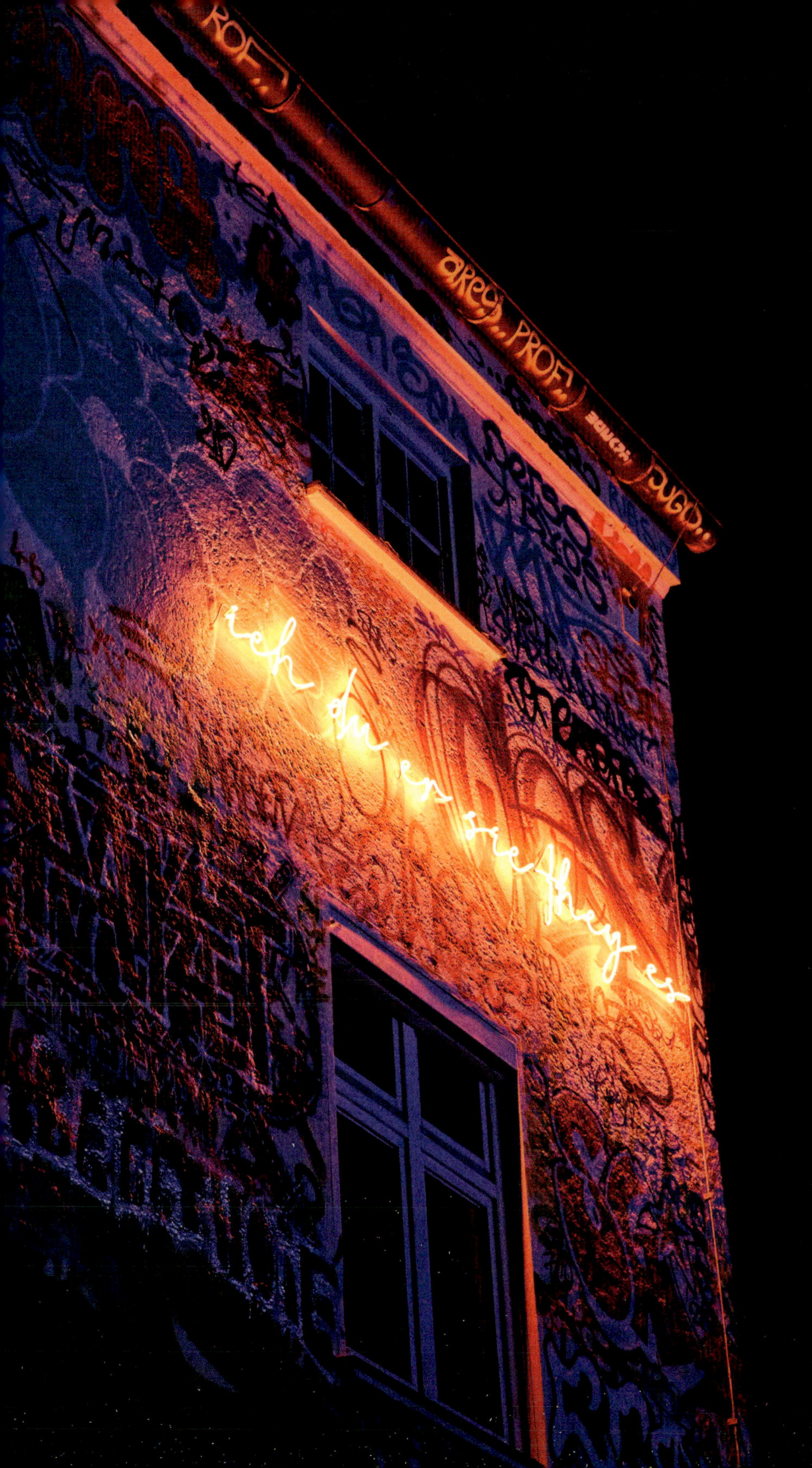

Abb. 28: Installationsansicht der Fassade von Haus2, 2025 / *Installation view of the façade of Haus2, 2025*, photo © **Sophie Wanninger**

Die Neonarbeit aus den Pronomen
„ich du er sie they es wir ihr sie" wurde
von Fabian Gatermann als Erweiterung
des Fassadenprojektes *Reclaim Space*
für das kollaborative Haus2 konzipiert
und steht trotzdem singulär für sich.
Die Arbeit greift die Signaturen der
Graffiti-Artists auf und erweitert sie
mit Lichtkunst. Sie spielt mit den Grenz-
bereichen zwischen Identität, Sprache
und Beziehung.
Die singulären Pronomen *„ich du er sie
they es"* öffnen über die Hausecke durch
das *„wir ihr sie"* eine Fläche, einen Raum
für ein inklusives Miteinander.
In einer Reihe verbunden, ergeben die
Pronomen keine Hierarchie, sondern eine
Einheit, offen und fluide für Kollaboration,
Diversität und Inklusion.

The neon work featuring the pronouns
"ich du er sie they es wir ihr sie"[1] was
conceived by Fabian Gatermann as an
extension of the façade project *"reclaim
space"* for the collaborative Haus2;
yet it stands alone. The work picks up
on the signatures of graffiti artists and
connects the tags to light art. It plays
with the boundaries between identity,
language, and relationships. The singular
pronouns *"ich du er sie they es"* open up a
space for togetherness across the corner
of the building through the *"wir ihr sie."*
Connected in a row, the pronouns do
not form a hierarchy, but rather a unity,
open and fluid for collaboration, diversity,
and inclusion.

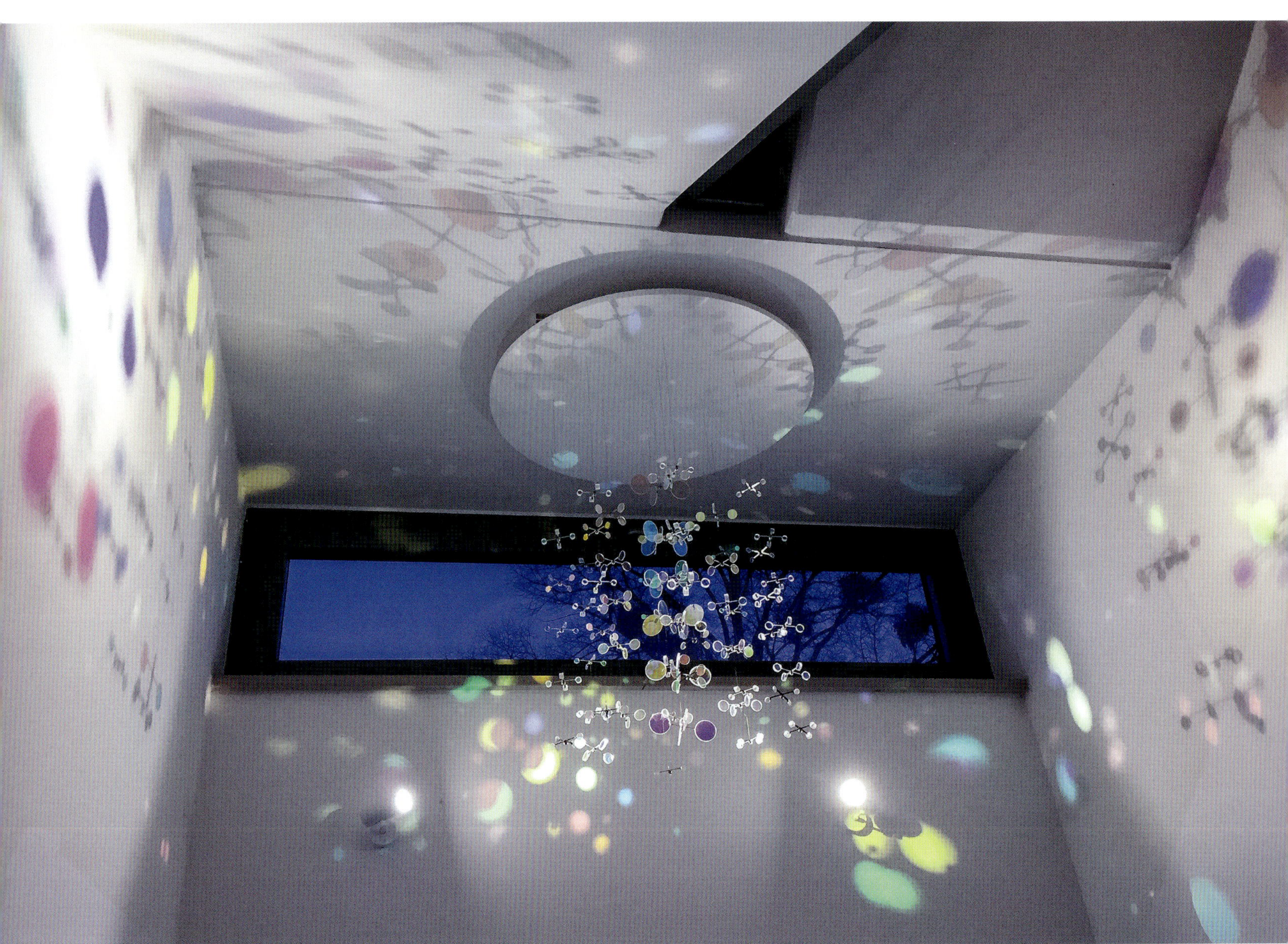

Abb. 29: Installationsansicht des Mobiles, circa 150 × 60 × 90 cm, Kunst am Bau im Horizonte e.V. Haus II, München, 2019
Installation view of the mobile, approx. 150 × 60 × 90 cm, art in architecture, Horizonte e.V. Haus II, Munich, 2019, photo © **Florentina Tautu**

*„Es ist die Kraft zu lachen und sich seiner selbst zu ergeben,
Licht zu sein."*

"It is the power to laugh and surrender to oneself, to be light."
Frida Kahlo

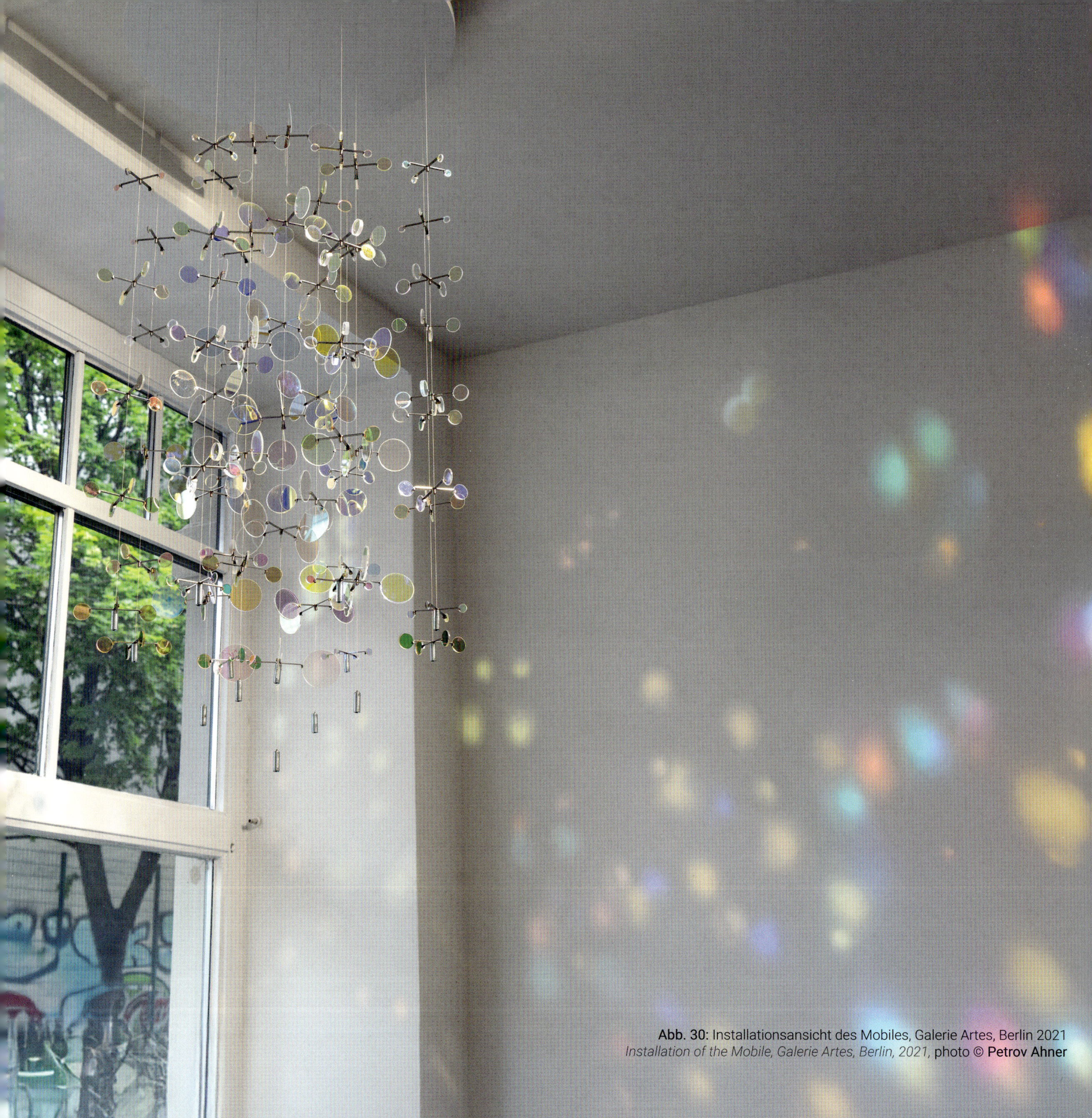

Abb. 30: Installationsansicht des Mobiles, Galerie Artes, Berlin 2021
Installation of the Mobile, Galerie Artes, Berlin, 2021, photo © **Petrov Ahner**

Im zweiten Haus des Horizonte e.V., gegründet von Jutta Speidel, haben 48 Familien ein neues Zuhause gefunden. Für diesen besonderen Ort durfte Fabian Gatermann mehrere Lichtobjekte entwerfen, darunter auch einen Leuchter, der weniger als klassisches Beleuchtungselement fungiert, sondern vielmehr als bewegliches Lichtobjekt – einem Mobile gleich. Die Bewegungen der vorbeigehenden Menschen erzeugen sanfte Luftströme, welche die filigranen Linsen in Rotation versetzen. Dabei überlagern sich Lichtreflexionen, treffen aufeinander, multiplizieren und verbinden sich für einen Moment – und lösen sich wieder auf. Der Leuchter wird so zur poetischen Hommage an das Miteinander: ein lebendiger, sich ständig wandelnder Organismus, der von Nähe, Bewegung und wechselseitiger Resonanz erzählt – im Licht, im Raum, im Alltag eines gemeinschaftlichen Lebens.

Forty-eight families have found a new home in the second house of Horizonte e.V., founded by Jutta Speidel. Fabian Gatermann was commissioned to design several light objects for this special place, including a chandelier that functions less as a classic lighting element and more as a movable light object – similar to a mobile.
The movements of people passing by create gentle air currents that set the delicate lenses in rotation. Light reflections overlap, collide, superimpose, and connect for a moment – and then dissolve again. The chandelier thus becomes a poetic homage to togetherness: a living, constantly changing organism that tells of closeness, movement, and mutual resonance — in light, in space, in the everyday life in a community living.

„Das Interessante ist, dass Sie das Spezialglas durch die Technik des Sandstrahlens positiv bereichert haben."

"What's interesting is that you have positively enhanced the special glass using sandblasting technology."

Briefwechsel Fabian Gatermann mit Heinz Mack

Abb. 31: Wandstele #0, circa 120 × 30 cm, Installationsansicht der Ausstellung "Inventing Color", Galerie Artes, Berlin 2021
Wandstele #0, approx. 120 × 30 cm, installation view of the exhibition "Inventing Color," Galerie Artes, Berlin, 2021, photo © **Petrov Ahner**

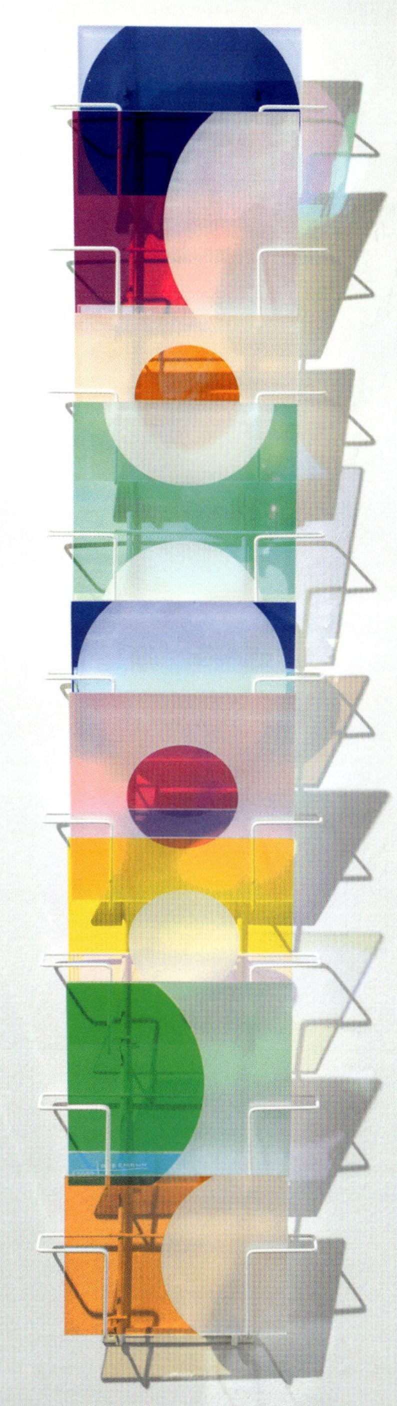

Die Stele als Symbol für die Verbindung von Himmel und Erde ist eigentlich ein Urbild des Menschen: Fest im Boden verankert, tief in der Welt der Materie verwurzelt, strebt ihr Wesen nach oben, dem Himmel entgegen.

Die gesandstrahlten, übereinander in Magazinständern geschichteten dichroitischen Gläser ersetzen profane verkaufbare Inhalte durch eine abstrakte und transzendente Kunsterfahrung.

Die Gläser lassen sich von den Betrachter*innen beliebig austauschen und in eine andere Reihenfolge bringen, was die *Wandstelen / Raumstelen* zu Kunstwerken macht, die nie statisch bleiben, sondern immer wieder neu zur Interaktion und Veränderung einladen.

The stele, as a symbol of the connection between heaven and earth, is actually an archetype of humanity: firmly anchored in the ground, deeply rooted in the material world, its essence strives upward, toward the heavens.

The sandblasted dichroic glass panels, stacked on top of each other in magazine racks, replace mundane, marketable content with an abstract and transcendent art experience.

The glass can be exchanged and rearranged at will by the viewer, making the *Wandstelen / Raumstelen* works of art that never remain static, but always invite interaction and change.

Abb. 32: Raumstele #0, circa 180 × 40 × 40 cm, Studioansicht 2021
Raumstele #0, approx. 180 × 40 × 40 cm, studio view, 2021, photo © **Fabian Gatermann**

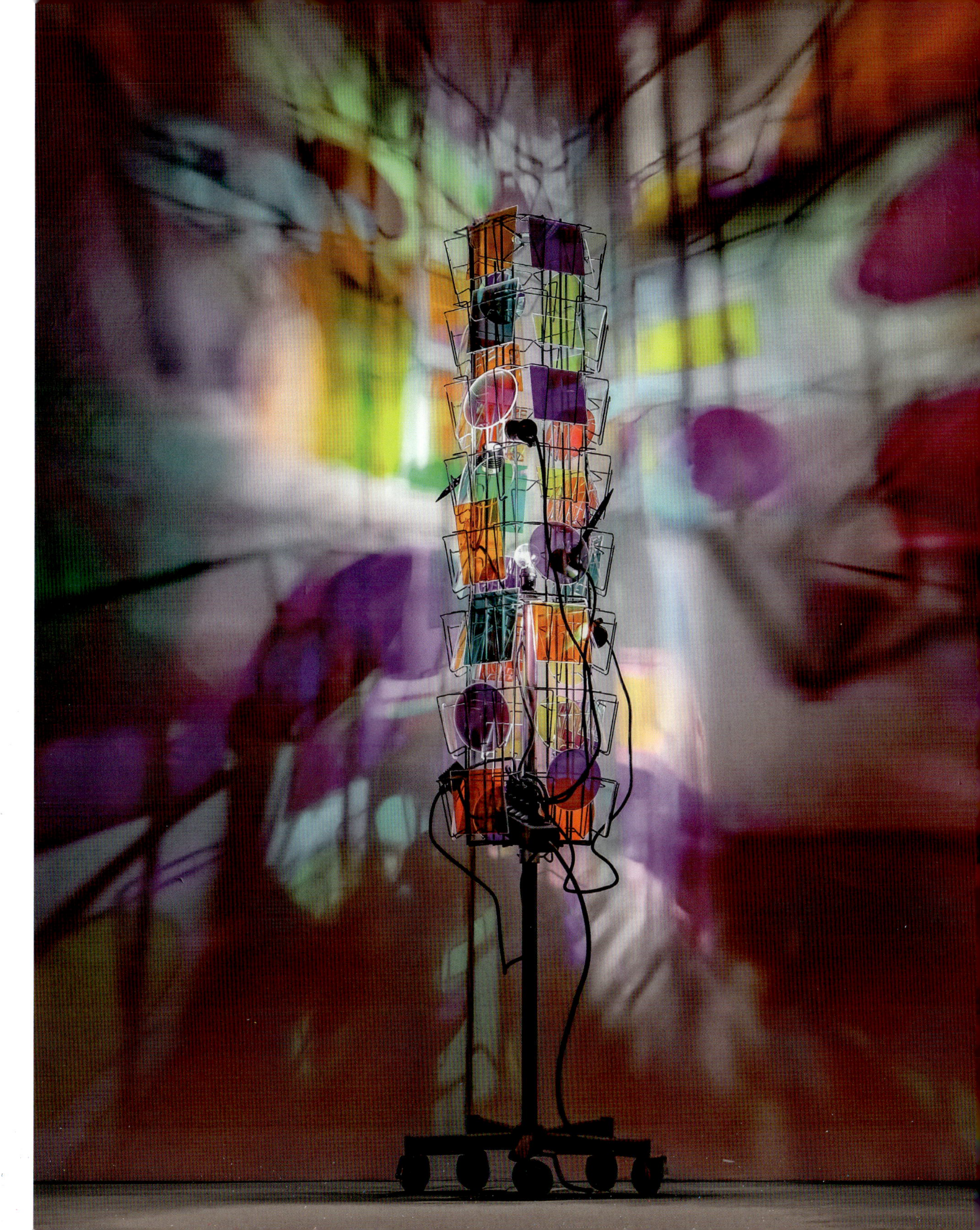

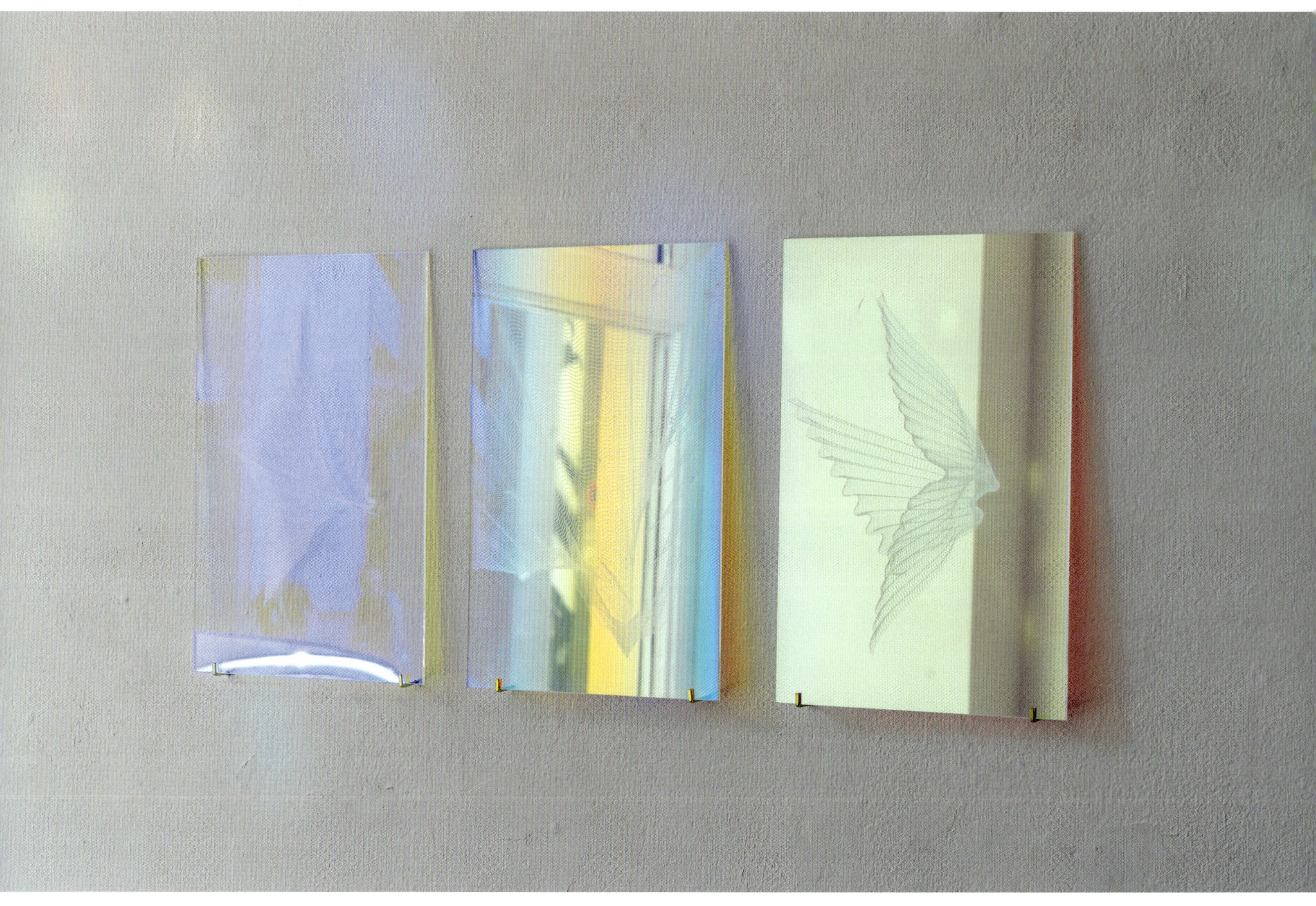

Abb. 33: Photon #1, #2, #3, Installationsansicht der Ausstellung "Inventing Color", Galerie Artes, Berlin 2021
Photons #1, #2, #3, installation view of the exhibition "Inventing Color," Galerie Artes, Berlin, 2021, photo © **Petrov Ahner**

*„Am Fuße des
Leuchtturms ist es dunkel.“*

"It is dark at the foot of the lighthouse."
Japanisches Sprichwort / Japanese Proverb

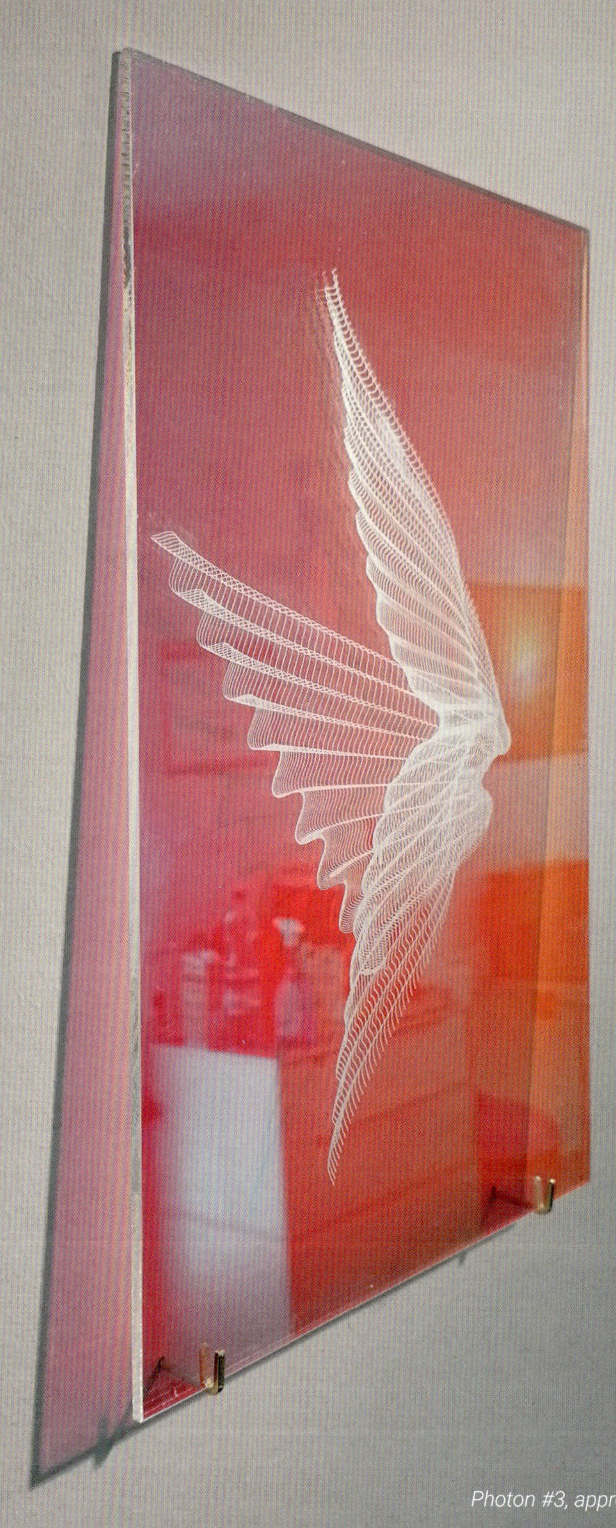

Abb. 34: Photon #3, circa 20 × 30 cm, 2020,
Photon #3, approx. 20 × 30 cm, 2020, photo © Fabian Gatermann

1) *École Polytechnique Fédérale de Lausanne*
2) *Fabrizio Carbone et al.*: *Simultaneous observation of the quantization and the interference pattern of a plasmonic near-field. Nature Communications 02, March 2015.*

1905 schlug Albert Einstein vor, dass Licht sowohl Wellen- als auch Teilcheneigenschaften besitzt. Seit Einsteins Zeiten versuchen Wissenschaftler*innen, beide Aspekte des Lichts gleichzeitig direkt zu beobachten. Einem Forscherteam um Fabrizio Carbone ist es 2015 gelungen, eine Momentaufnahme dieses dualen Verhaltens festzuhalten.
Mit einem radikal neuen experimentellen Ansatz konnten die EPFL-Wissenschaftler[1] eine Aufnahme machen, die zeigt, wie sich Licht gleichzeitig wie eine Welle und wie ein Teilchen verhält.[2]
Für seine Serien in Papier, Glas, Metall oder als Leuchtobjekte verwendet Fabian Gatermann Daten aus diesem Experiment, er überlagert und entgrenzt dabei Licht in Form und Inhalt. Die Datensätze werden sowohl algorithmisch als auch künstlerisch bearbeitet und anschließend entweder chemisch mit Sonnenlicht auf Papier belichtet oder direkt in das jeweilige Material übertragen – mittels Fräsung, Diamantgravur oder Sandstrahlung.

In 1905, Albert Einstein proposed that light has both wave and particle properties. Since Einstein's time, scientists have been trying to observe both aspects of light directly at the same time. A research team led by Fabrizio Carbone has now succeeded in capturing a snapshot of this dual behavior for the first time. Using a radically new experimental approach, the EPFL scientists[1] were able to take a picture that shows how light behaves simultaneously as a wave and as a particle.[2]
For his series in paper, glass, metal, or as luminous objects, Fabian Gatermann uses data from this experiment, superimposing and blurring the boundaries between form and content. The data sets are processed both algorithmically and artistically and then either chemically exposed to sunlight on paper or transferred directly into the material—by milling, engraving, or sandblasting.

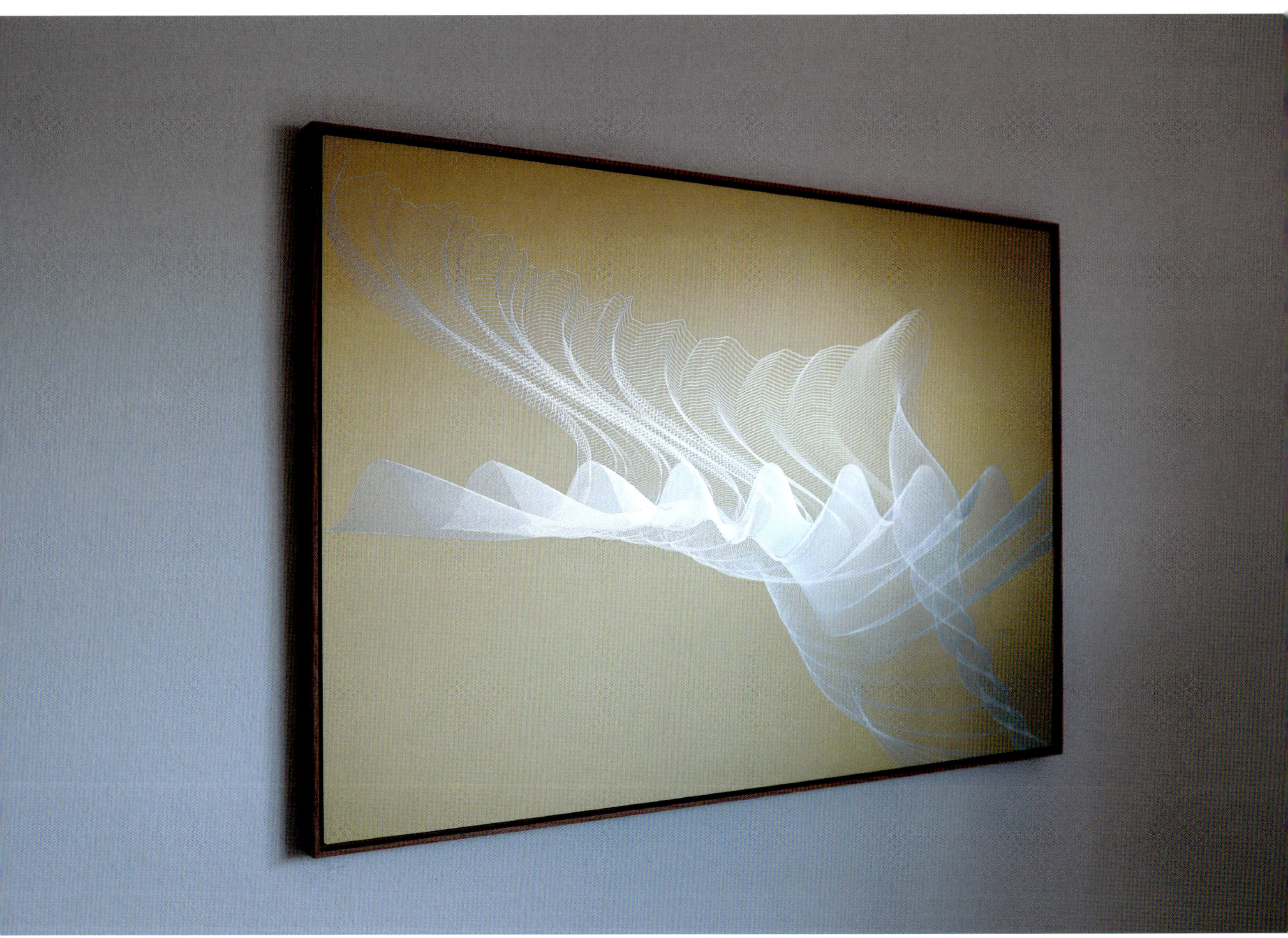

Abb. 35: Onda #1, circa 95 × 60 cm, Privatsammlung München / *Onda #1, approx. 95 × 60 cm, private collection, Munich,* photo © **Fabian Gatermann**

„Man wird nicht dadurch erleuchtet,
dass man sich Lichtgestalten vorstellt,
sondern durch Bewusstmachung der Dunkelheit."

"One does not become enlightened by imagining
luminous beings, but rather by becoming
aware of darkness."

Carl Gustav Jung

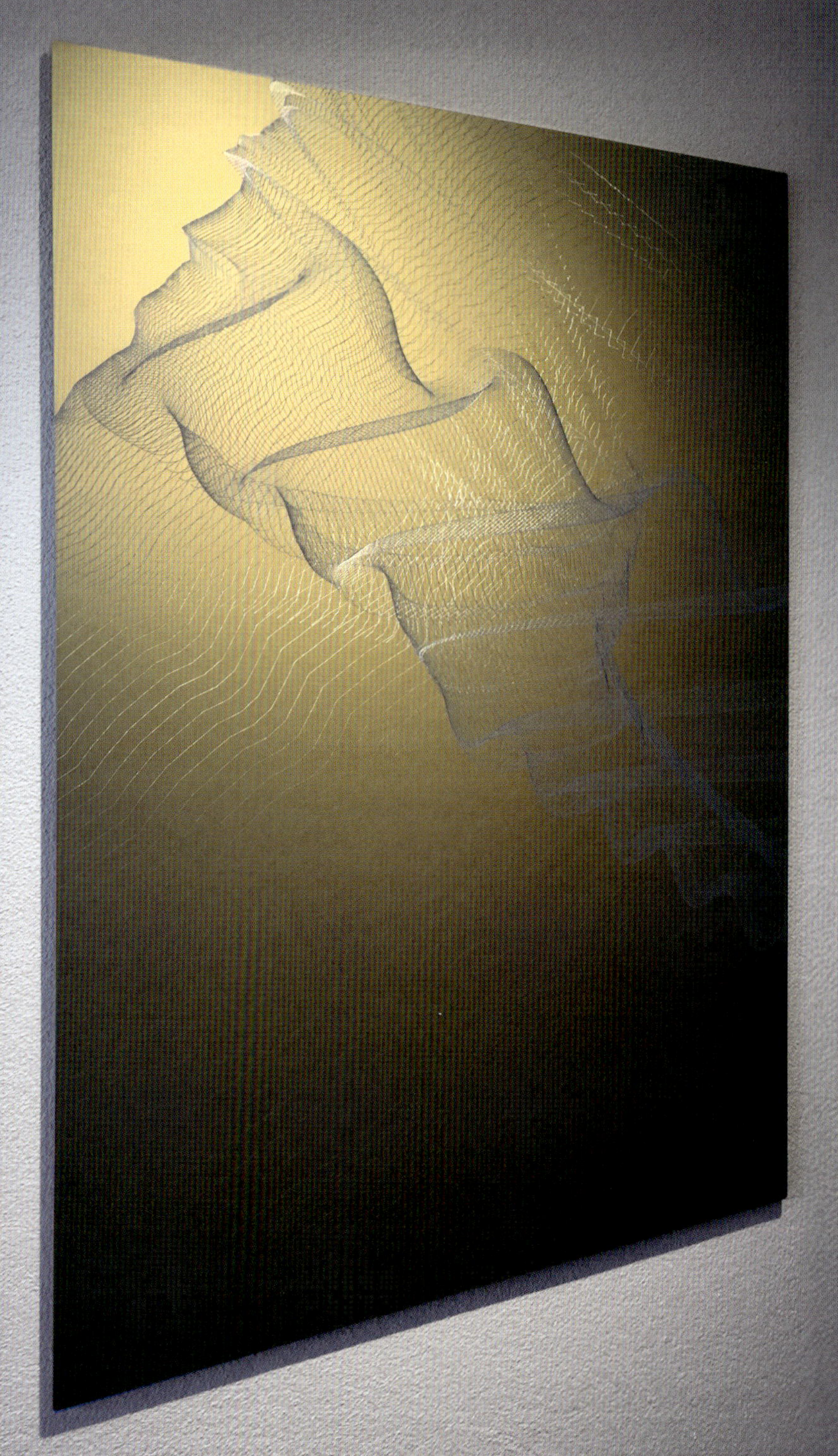

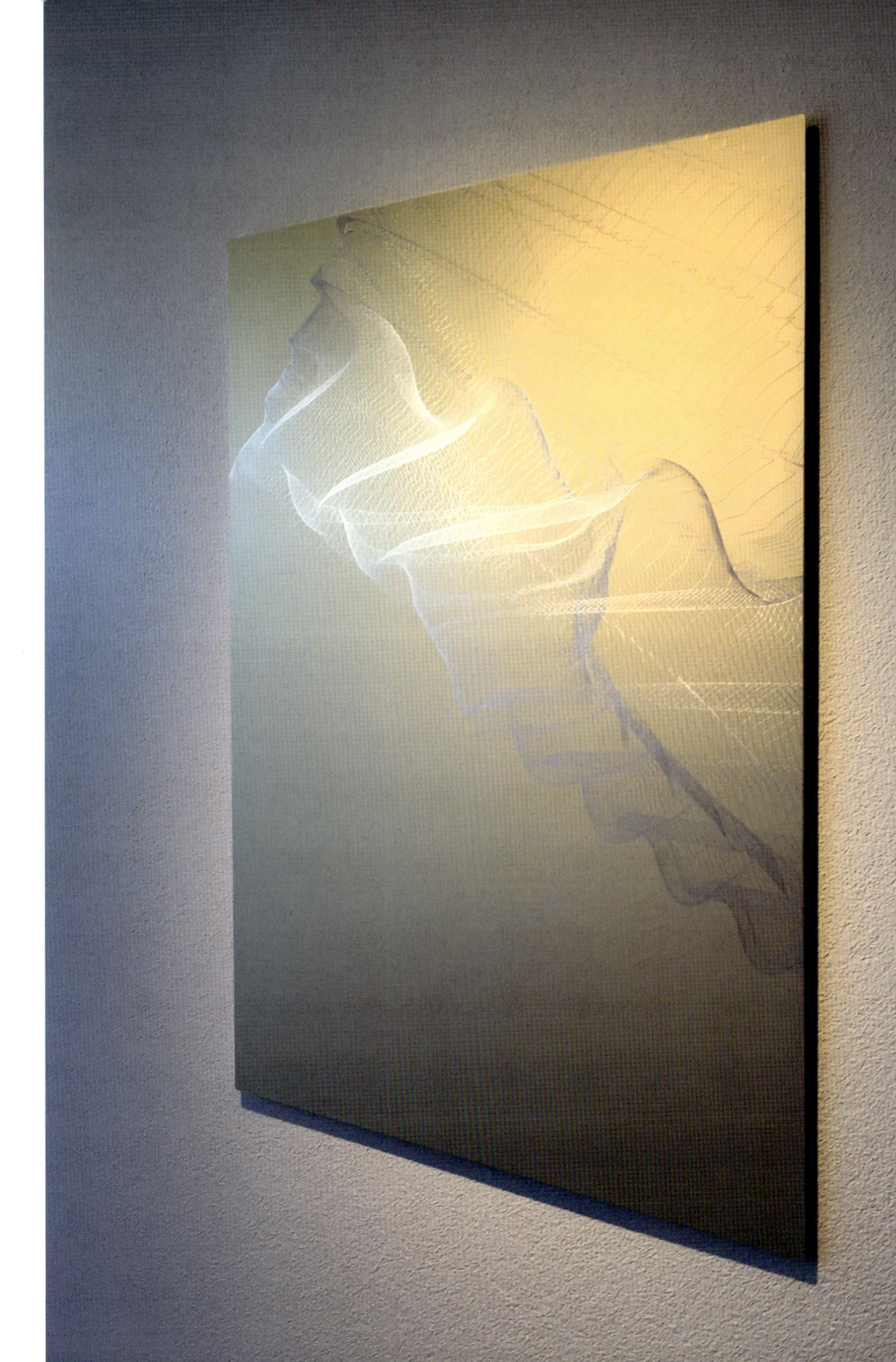

Abb. 36 und 37: Onda #2, Installationsansicht,
HNO Milchbuck, Zürich, 2019
Onda #2, installation view, HNO Milchbuck,
Zurich, 2019, photo © Fabian Gatermann

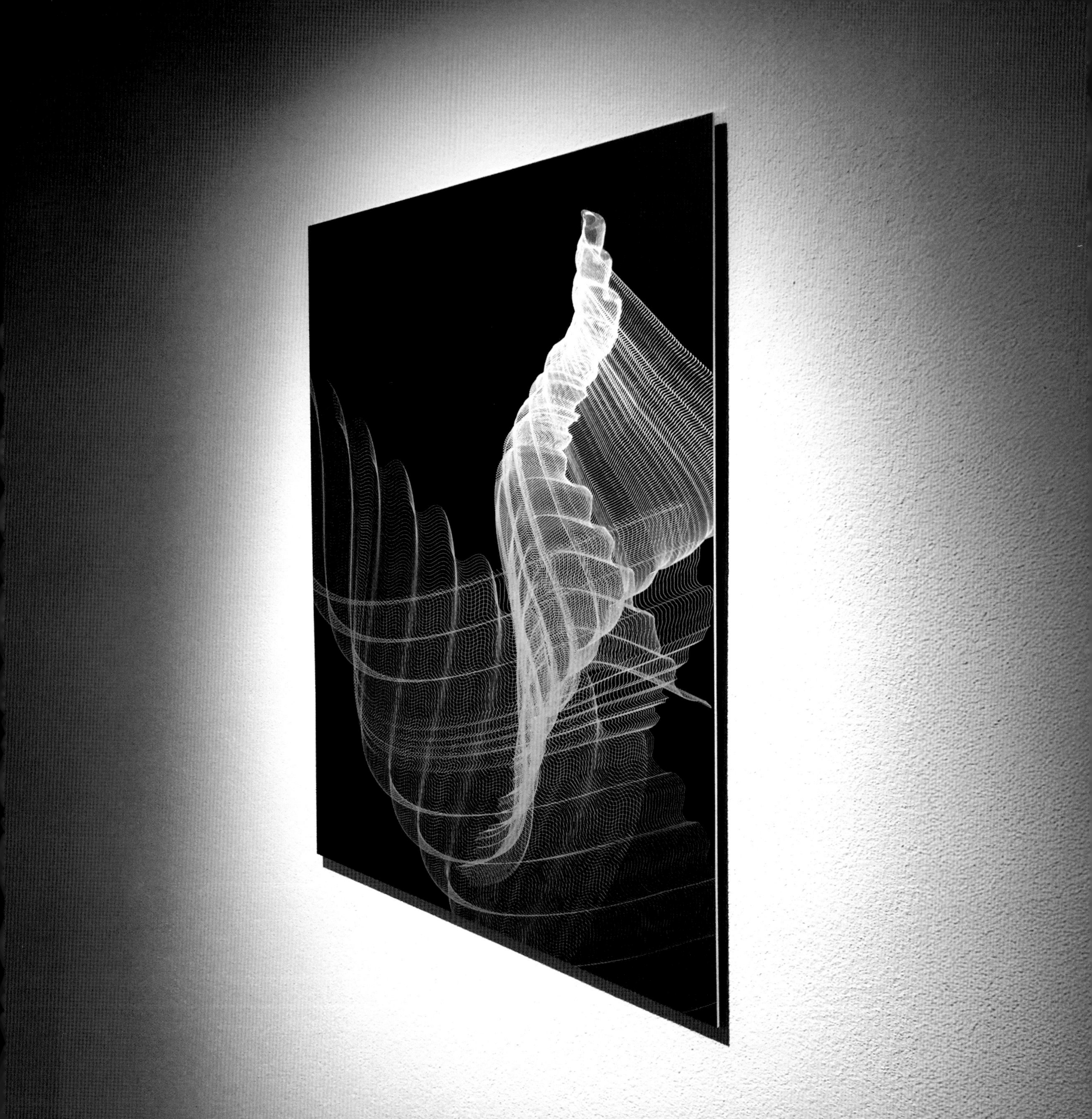

Auch in den Kunstwerken der Serie *Onda* materialisiert sich das Unsichtbare. Die wissenschaftlichen Lichtdaten der Quantenphysik werden in die feste Materie eines metallischen Trägers eingraviert. Die kühle, eloxierte Aluminiumoberfläche wirkt dabei nicht nur als Träger, sondern als aktiver Teil der Lichtdarstellung: Das einfallende Licht wird durch die eingefrästen Strukturen gebrochen, gestreut und gelenkt. Es entsteht ein visuelles Kippen – ein Übergang, fast ein Umsturz – von Licht zu Schatten. Dabei wird kein starres Bild erzeugt, sondern ein dynamisches Spiel. Der Moment zwischen Sichtbarkeit und Verschwinden – eine fundamentale Unschärfe der Welt: Die Welle ist da, aber nicht greifbar. Das Teilchen ist messbar, aber nicht sichtbar. Licht bleibt ein Rätsel, das nur in der Bewegung, im Übergang, im Kippen erfahrbar wird.

The artworks in the *Onda* series also materialize the invisible. The scientific light data of quantum physics is engraved into the solid matter of a metallic carrier. The cool, anodized aluminum surface acts not only as a carrier, but also as an active part of the light display: the incident light is refracted, scattered, and directed by the milled structures. The result is a visual shift, a transition, almost a reversal, from light to shadow. This creates not a static image, but a dynamic interplay. The moment between visibility and disappearance – a fundamental blurring of the world: the wave is there, but not tangible. The particle is measurable but not visible. Light remains a mystery that can only be experienced in movement, in transition, in tilting.

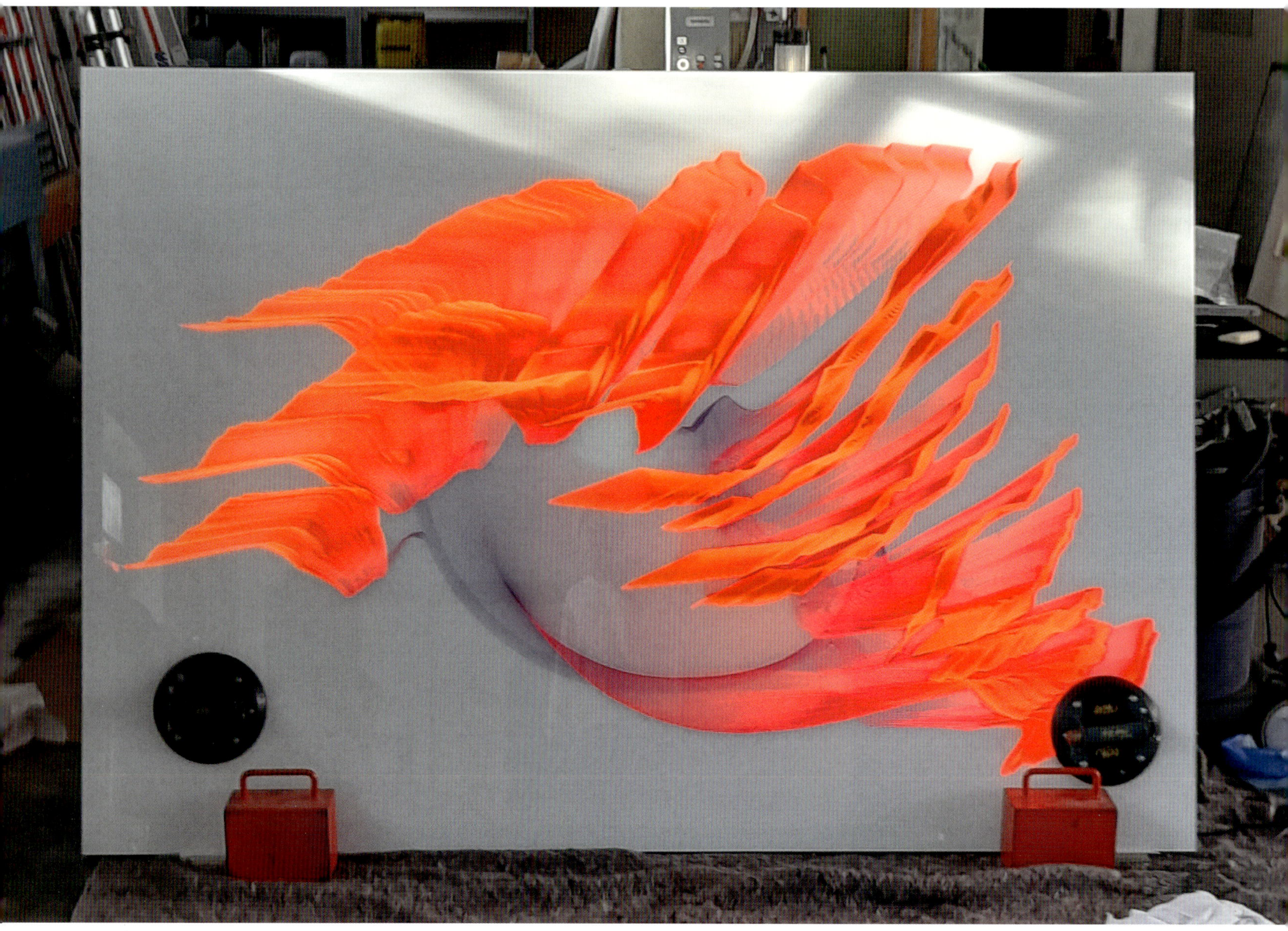

Abb. 39: Light Wave #1, circa 220 × 145 × 4 cm, in der Glaswerkstatt, München
Light Wave #1, approx. 220 × 145 x 4 cm, in the glass workshop, Munich, photo © **Fabian Gatermann**

„Es gibt eine Welt hinter diesem Schein,
die sich auch darstellen lässt.“

„There is a world behind this appearance
that can also be depicted.“

Adolf Luther

Die *Light Wave* Skulpturen sind ultra-
flache Leuchtkästen, welche auf der
Grundlage konkreter Datensätze von
Naturphänomenen, Mustern oder
sozialen Bewegungen entstehen. Sie
machen Unsichtbares sichtbar und über-
setzen Daten in visuelle Lichtwellen,
Informationen in ein dynamisches,
farbliches und poetisches Erlebnis.

The *Light Wave* sculptures are ultra-
flat light boxes that are created on the
basis of concrete data sets – such as
natural phenomena, patterns or social
movements. They make the invisible
visible by transforming data into visual
light waves – information becomes a
dynamic, colorful and poetic experience.

Abb. 40: Light Wave #1, circa 220 x 145 × 4 cm, Installation in der Kundensammlung, Grünwald
Light Wave #1, approx. 220 x 145 x 4 cm, installation in the customer collection, Grünwald, photo © **Fabian Gatermann**

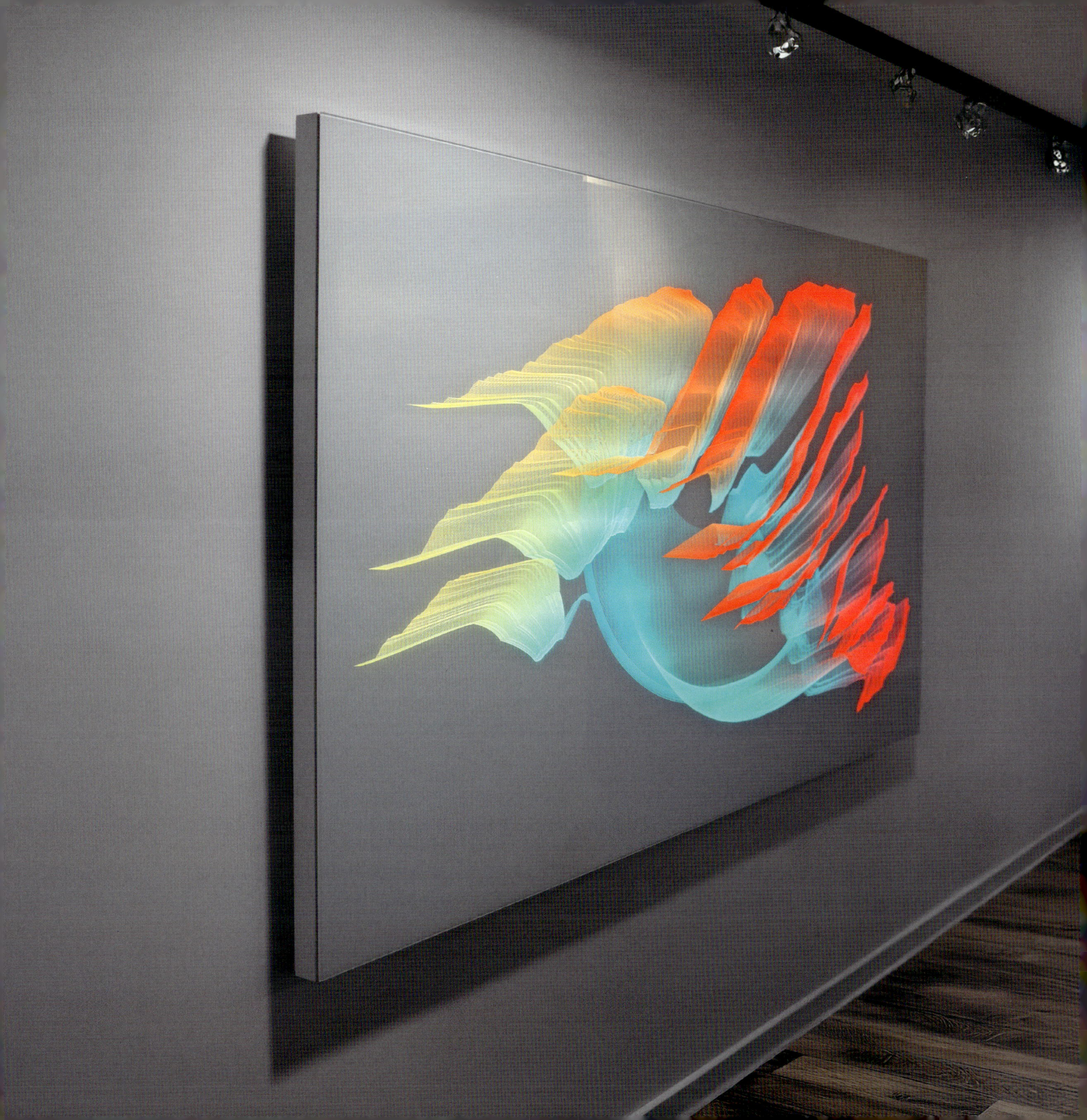

SELBST

TRANSZENDENZ / SELF - TRANSCENDENCE
RAPHAEL M. BONELLI:
Neurowissenschaftler, Autor und Psychiater
Neuroscientist, author and psychiatrist

Das lateinische Wort „*transcendere*" heißt „*übersteigen*". Der österreichische Psychiater und Neurologe **Viktor Frankl** prägte den Begriff der Selbsttranszendenz als „*grundlegenden anthropologischen Tatbestand, dass Menschsein immer über sich selbst hinaus auf etwas verweist, das nicht wieder es selber ist, auf etwas oder auf jemanden, auf einen Sinn.*"[1]

Die Ausrichtung auf die „*Transzendentalen*" (laut Frankl: das Gute, das Wahre, das Schöne) machen den Menschen frei. Er übersteigt sich selbst, indem er seine niederen egozentrischen Bedürfnisse hinter sich lässt und selbstvergessen und in innerer Harmonie auf das Wahre, Gute und Schöne blickt, und den Transzendentalen sein Leben unterordnet. In anderen Worten: unser Lebenssinn erschöpft sich nicht in unseren Befindlichkeiten und Lüsten, sondern in etwas, das unsere menschliche Existenz übersteigt.

Fritz Künkel, der Begründer der Individualpsychologie, beschreibt den Menschen zwischen den Polen „*Ichhaftigkeit*" und „*Sachlichkeit*"[2] hin und her gerissen.

Der Weg heraus gelingt uns erst, wenn wir die Welt nicht mehr von uns aus denken, sondern im Hinblick auf eine Sache oder Aufgabe. Diese Sache kann ein anderer Mensch oder eine Handlung sein.

1) Viktor E. Frankl, Trotzdem Ja zum Leben sagen: Ein Psychologe erlebt das Konzentrationslager, Wien 1946.
Victor E. Frankl: Man's Search For Meaning: An Introduction to Logotherapy, Vienna 1946.
2) Fritz Künkel, Einführung in die Charakterkunde, Stuttgart[17] 1982.

The Latin word *"transcendere"* means *"to go beyond."* Austrian psychiatrist and neurologist **Viktor Frankl** coined the term *"self-transcendence"* as *"the fundamental anthropological fact that being human always points beyond oneself to something that is not oneself, to something or someone, to a meaning."*[1]

Focusing on the "transcendentals" (according to Frankl: the good, the true, the beautiful) sets people free. They transcend themselves by leaving their base egocentric needs behind and, in a state of self-forgetfulness and inner harmony, looking toward the true, the good, and the beautiful, and subordinating their lives to the transcendentals.

In other words, the meaning of our lives is not exhausted by our feelings and desires, but by something that transcends our human existence.

Fritz Künkel, the founder of individual psychology, describes humans as torn between the poles of *"egoism"* and *"objectivity."*[2]

We can only find our way out when we no longer think about the world from our own perspective, but in relation to a cause or task. This cause can be another person or an action. In contrast, *"immanence"* comes from the Latin *"immanere"* which means *"to remain in"* or *"to adhere to."*

In philosophy, immanence is the opposite of transcendence and refers to that which remains in things, which things cannot transcend. In this sense, *"self-immanence"* means a person who cannot transcend themselves, who cannot find self-transcendence. But one must transcend oneself in order to participate in the greater whole; only there can one truly find oneself.

Im Gegensatz dazu kommt „*Imma-nenz*" vom lateinischen „*immanere*", was „*darin bleiben*" oder „*anhaften*" bedeutet. In der Philosophie ist Immanenz der Gegenbegriff zur Transzendenz und bezeichnet das in den Dingen Verbleibende, dass die Dinge nicht zu übersteigen vermag. In diesem Sinn bedeutet „Selbstimma-nenz": der Mensch, der nicht über sich selbst hinauskommt, der nicht zur Selbsttranszendenz findet. Man muss sich selbst aber übersteigen, um Anteil zu haben am größeren Ganzen, dort erst findet man sich auch erst richtig selbst.

Viele Narzissten können den Kopf nicht nach oben wenden. Sie bleiben immer schön tief unten im Diesseits – in ihrer Selbstimmanenz.

Irgendwie logisch: Je mehr man sich selbst in den Himmel hebt, um so weniger Platz ist dort für Höheres. Dem Narzissten ist der Weg nach oben versperrt. Er bleibt beschränkt durch die eigenen vier Wände. Ihm sind die Flügel gestutzt, er flattert wie eine Henne, obwohl er gleich dem Adler aufsteigen könnte.

Der selbsttranszendierende Mensch kann seine Augen vom Boden heben und in höhere Sphären blicken, ist in der Lage, sich einer größeren Sache zu widmen, indem er ihr dient. Dieses sich in den Dienst Stellen, dass *Wir* als dem *Ich* übergeordnet zu erleben, ist für die psychische Gesundheit enorm wichtig. Psychisch gesund ist derjenige, der sich relativieren kann, der sich von sich selbst auch dis-tanziert, der seine Aufmerksamkeit auf etwas lenkt, was größer ist als er selbst. Und diese Selbsttranszendenz hat auch die Dimension des Staunens, das Staunen vor dem Großen, zum Beispiel vor einem Sonnenaufgang, vor der Schöpfung, vor irgendetwas wirklich Beeindruckendem, was schon immer da war und was es nach mir auch noch geben wird. Der amerikanische Psychiater und Genetiker **Robert Cloninger** hat dies neurowissenschaftlich bestätigt.[3] Gesund und krank, frei und unfrei, beziehungsfähig und beziehungsun-fähig unterscheidet sich durch diese Selbsttranszendenz. Dazu lässt sich mit **Viktor Frankl** zusammenfassen:

„Und nur in dem Maß, in dem der Mensch solcherart sich selbst transzendiert, verwirklicht er auch sich selbst im Dienst an einer Sache. Ganz er selbst wird er, wo er sich selbst übersieht und vergisst."[4]

Many narcissists cannot lift their heads up. They always remain deep down in this world – in their self-immanence. Somehow logical: the more one lifts oneself up to the heavens, the less room there is for higher things. The path to the top is blocked for the narcissist. They remain confined within their own four walls. Their wings are clipped, they flutter like a hen, even though they could soar like an eagle. The self-transcending person can lift their eyes from the ground and look up to higher spheres, is able to devote themselves to a greater cause by serving it. This act of putting oneself at the service of something greater than oneself is enormously important for mental health. A person is mentally healthy if they can put things into perspective, distance themselves from themselves, and focus their attention on something greater than themselves. And this self-transcendence also has the dimension of wonder, wonder at the great, for example, at a sunrise, at creation, at something truly impressive that has always been there and will continue to exist after me.

The American psychiatrist and geneticist **Robert Cloninger** has confirmed this from a neuroscientific perspective.[3] Healthy and sick, free and unfree, capable of relationships and incapable of relationships are distinguished by this self-transcendence. **Viktor Frankl** sums it up well:

„And only to the extent that a person transcends themselves in this way do they also realize themselves in the service of a cause. He becomes completely himself when he overlooks and forgets himself."[4]

3) Robert Cloninger, *Feeling Good: The Science of Well-Being,*
Oxford University Press, 2004
4) *Siehe Anmerkung 1 / see note 1.*

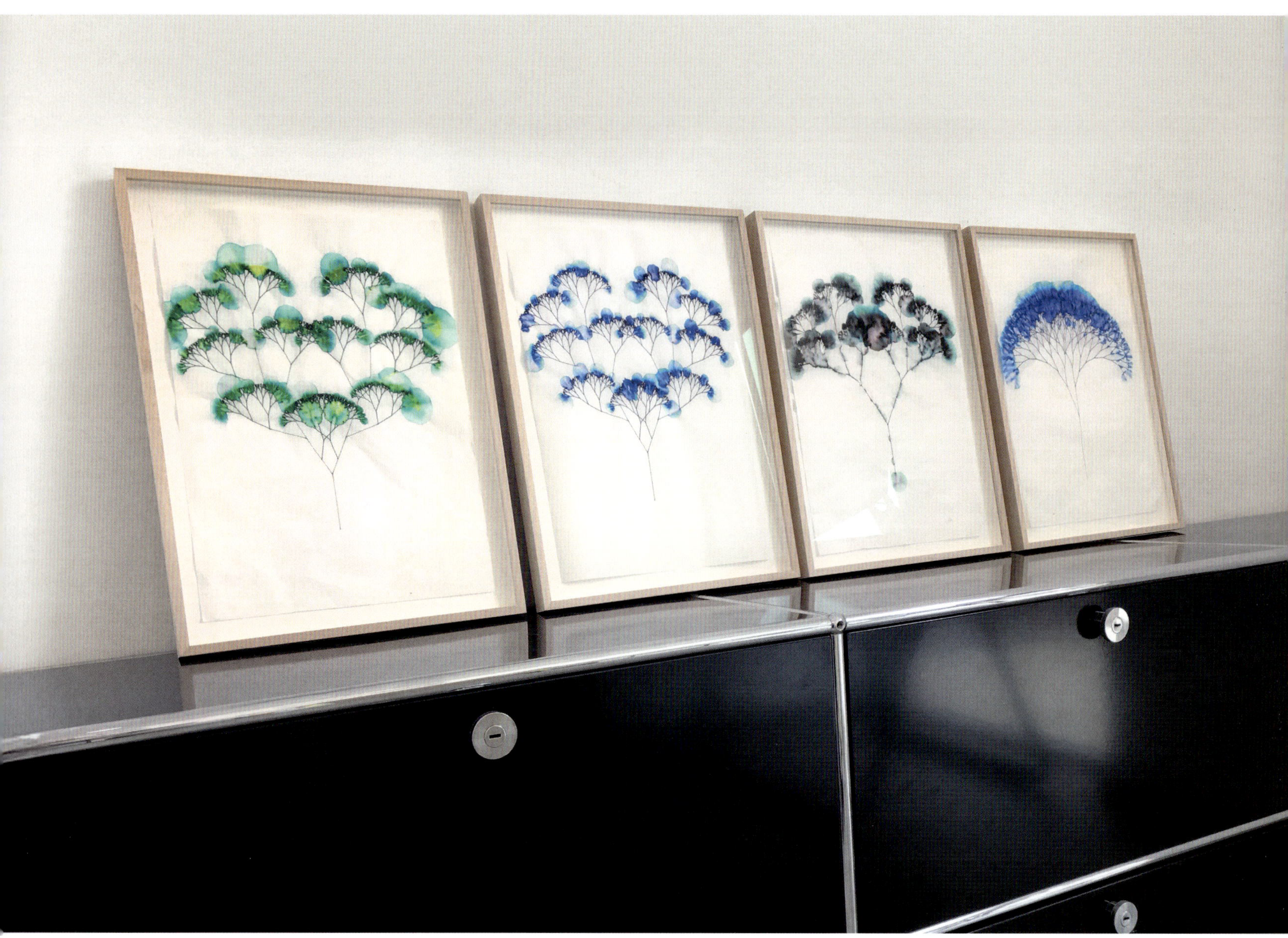

Abb. 41: Flowers, photo © Fabian Gatermann

*„Der Geist ist das launischste aller Insekten –
er flattert, schießt hervor, hält inne, landet – und reflektiert das Licht
auf hundert verschiedene Arten."*

*"The mind is the most capricious of insects —
flitting, darting, pausing, alighting — reflecting light
in a hundred ways"*
Virginia Woolf

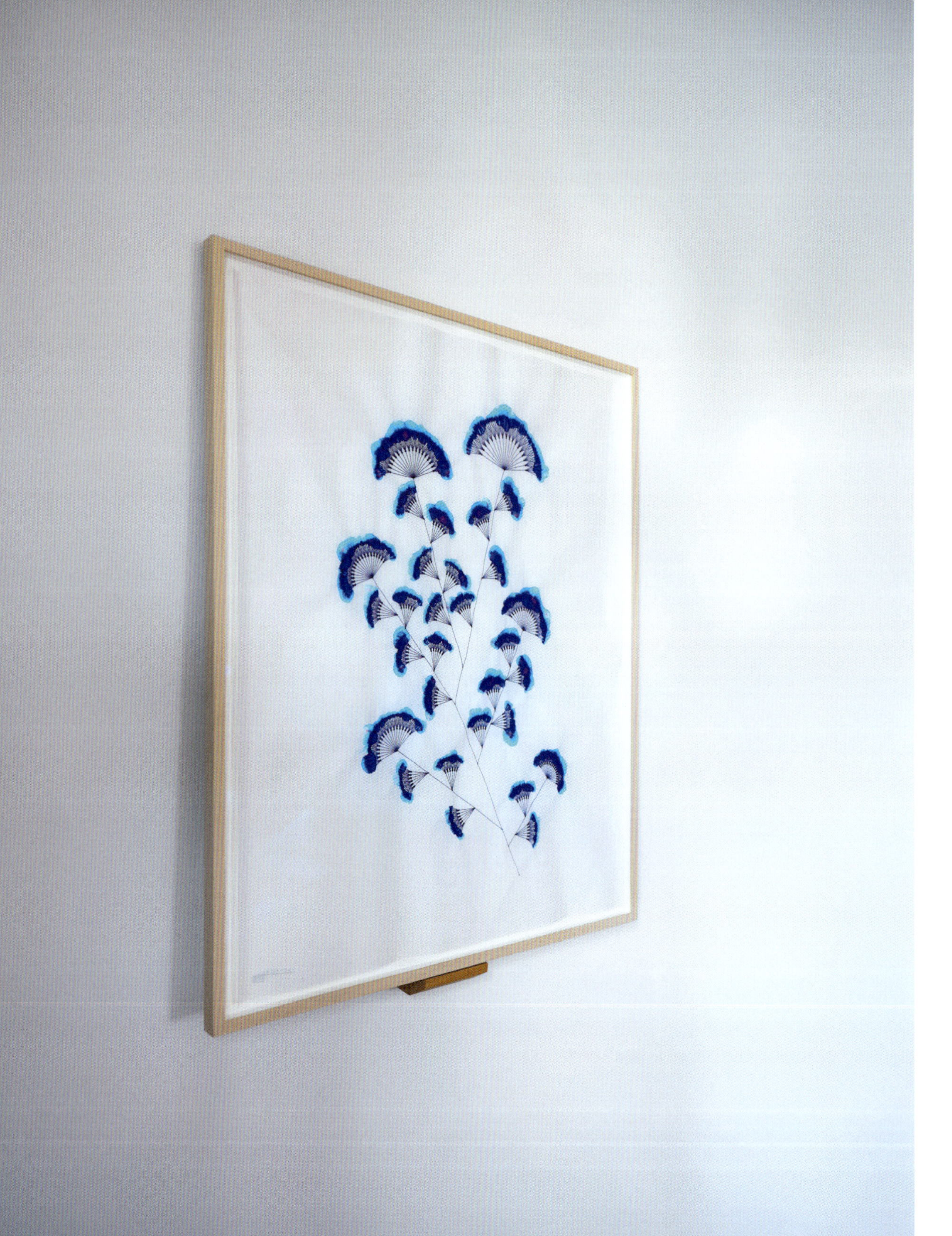

Abb. 42: Flowers #9,
circa 108 × 74 cm
Flowers #9,
approx. 108 × 74 cm, 2021,
photo © **Fabian Gatermann**

Die Serie *Flowers* entsteht aus wenigen Zeilen Softwarecode, die eine Form der Zellteilung beschreiben. Der Code definiert ein festes Skelett oder Gerippe, das vorgibt, wann und wie sich ein Strich teilt. Ausgehend von diesen Wachstumssequenzen werden die Arbeiten gestaltet und komponiert. Die Tinte wird anschließend mit einem Stiftplotter auf ein spezielles, langfaseriges Papier aufgetragen. Das entstehende Gerüst wird dann partiell mit Wasser beträufelt, wodurch die Tinte beginnt, zu floralen Ornamenten aufzublühen und ins Papier zu fließen. Mehrere Farben treten hervor, es entstehen Überlagerungen, Trennungen und Verwischungen. Chaos und Struktur finden zu einem Spannungsfeld, das Wachstum als individuellen und oszillierenden Prozess beschreibt.

The *Flowers* series is created from a few lines of software code that describe a form of cell division. The code defines a fixed skeleton or framework that specifies when and how a line divides.
The works are designed and composed based on these growth sequences. The ink is then applied with a penplotter on special, long-fiber paper.
The resulting framework is then partially sprinkled with water, causing the ink to begin to blossom into floral ornaments and flow into the paper.
Multiple colors emerge, creating overlaps, separations, and smudges. Chaos and structure come together in a field of tension that describes growth as an individual and oscillating process.

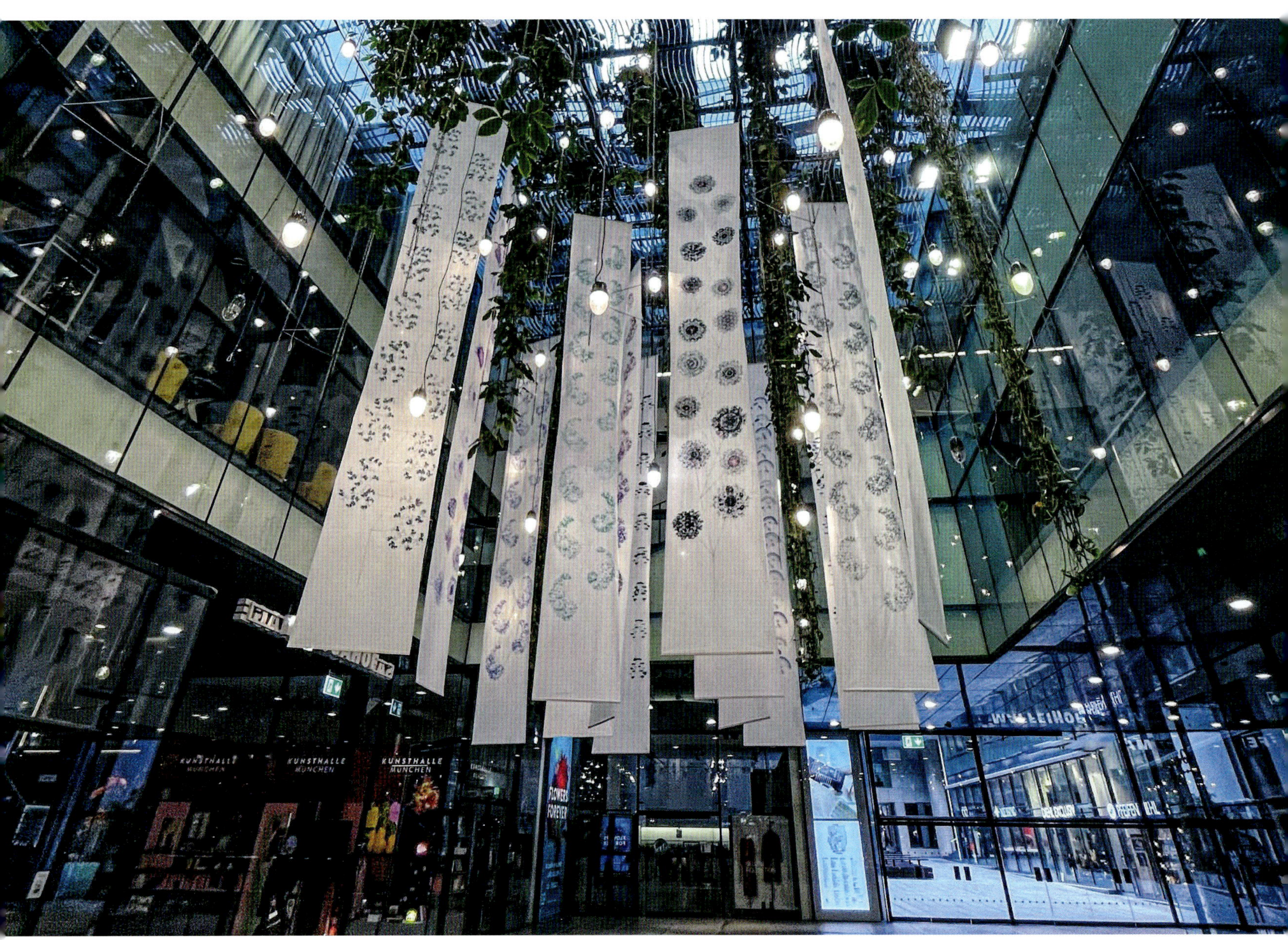

Abb. 43: Flowers, Installation Fünf Höfe, München, pro Papierbahn circa 700 × 90 cm / *Flowers, installation at Fünf Höfe, Munich, approx. 700 × 90 cm each*
photo © Janik Valler

„*Das Gras wächst nicht schneller,
wenn man daran zieht.*"

"The grass doesn't grow faster if you pull on it."
Afrikanisches Sprichwort / African Proverb

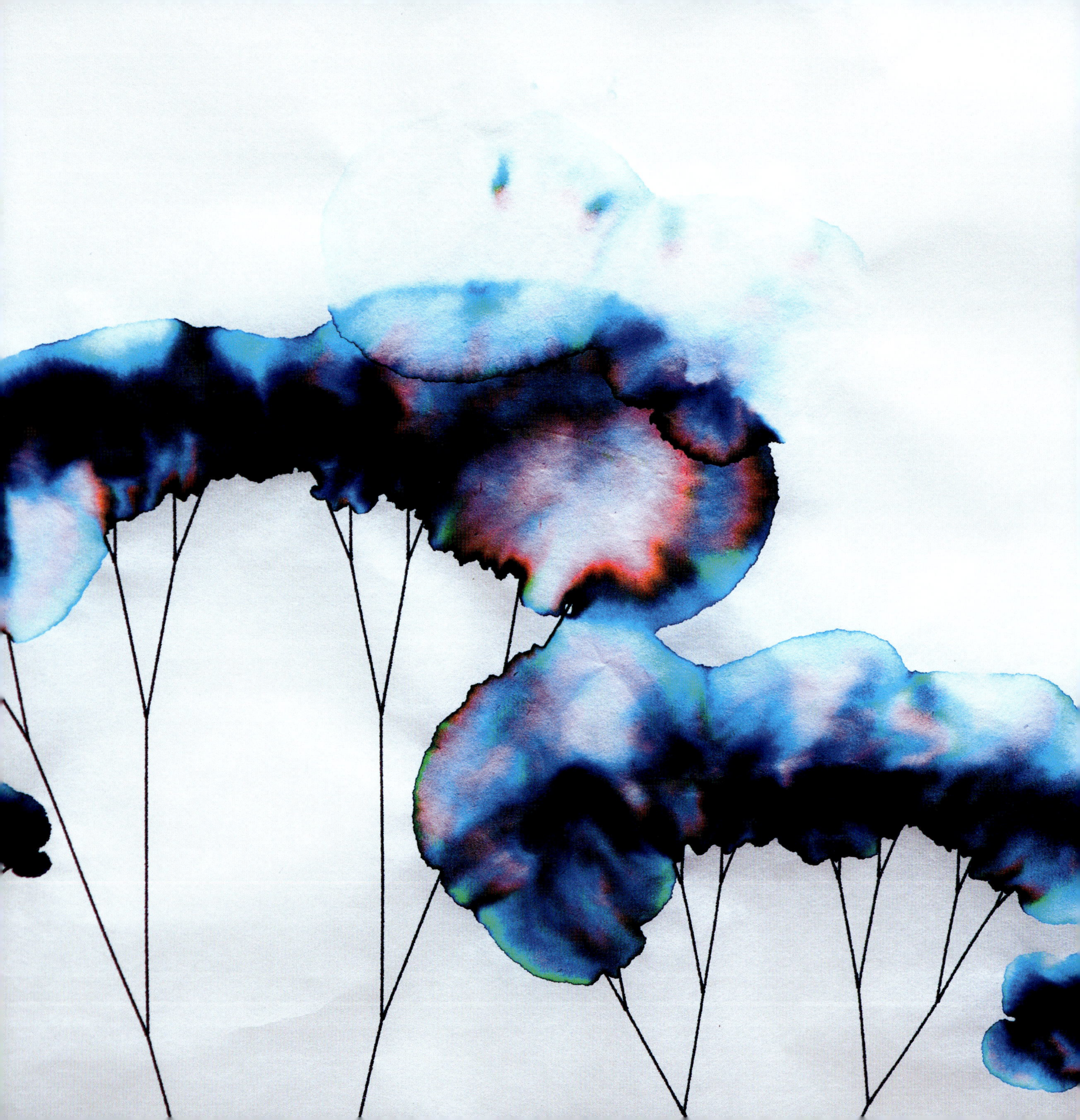

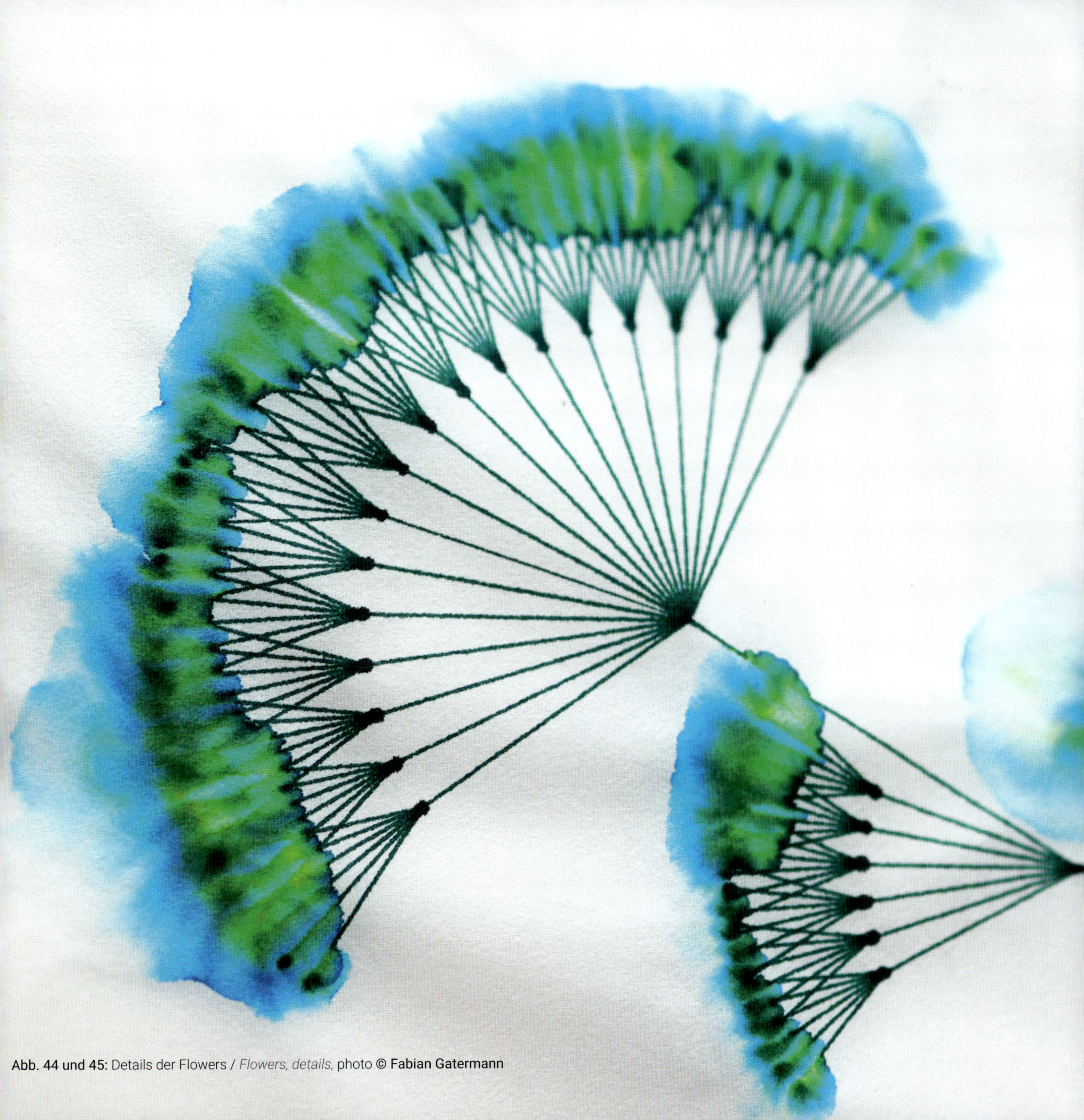

Abb. 44 und 45: Details der Flowers / *Flowers, details,* photo © **Fabian Gatermann**

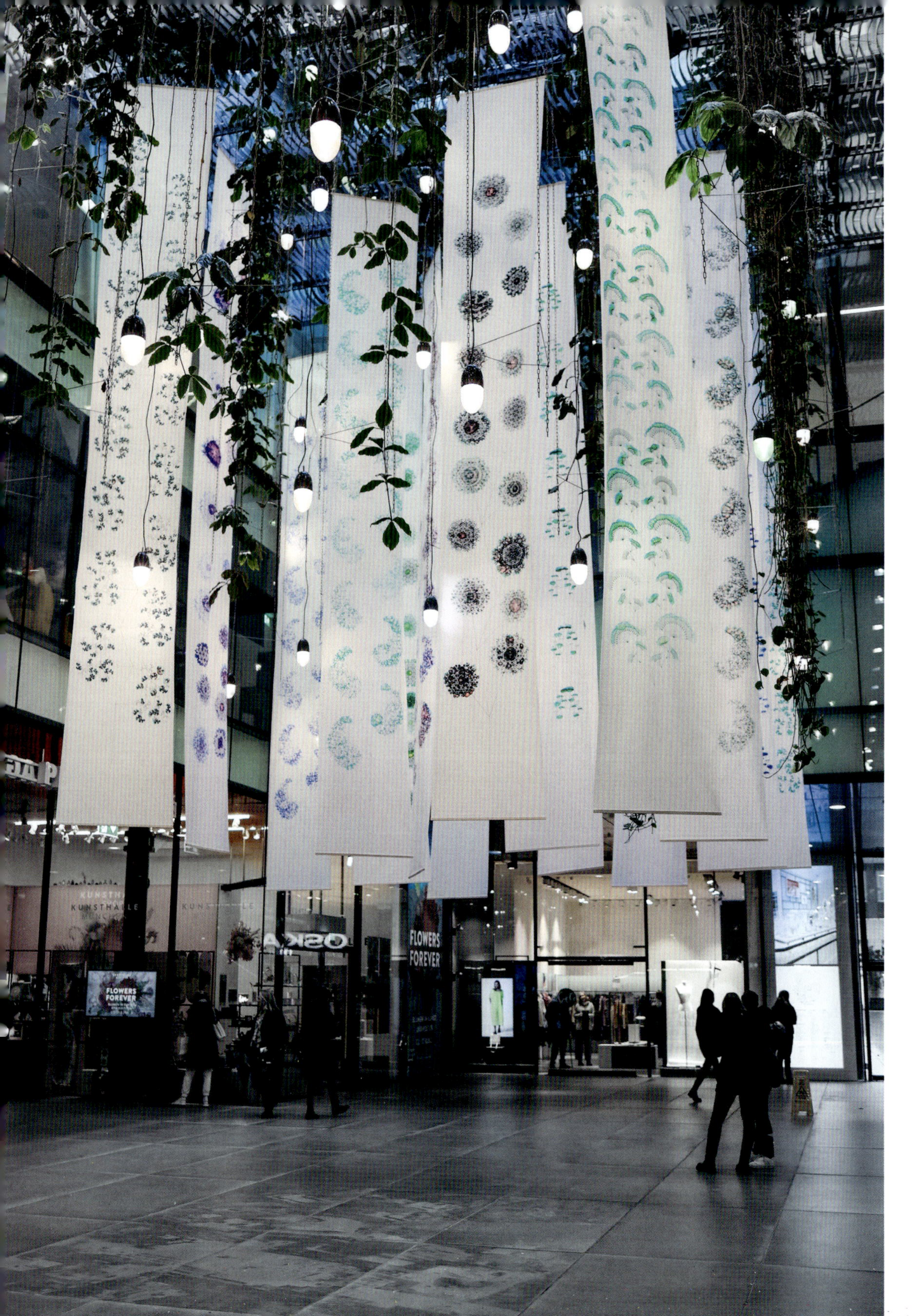

Abb. 46: Flowers, Installation FÜNF HÖFE,
München, jede circa 16 x 700 x 90 cm
*Flowers, installation at FÜNF HÖFE, Munich,
approx. 16 x 700 x 90 cm each*
photo © **Janik Valler**

Auf über 7 Meter langen, im Wind wehenden Papierbahnen hat der Künstler Fabian Gatermann blühende Wachtumssequenzen in die hängenden Gärten der Fünf Höfe vor der Kunsthalle München installiert. Ausgehend von seiner Werkserie *Flowers* lässt er seine blumenartige Papierinstallation auf Basis von Softwarecode-Fragmenten zum Flower Power Festival 2023 erwachsen.
Die computergenerierten fraktalen Sequenzen werden künstlerisch verändert und dann mit einem Stiftplotter auf die chinesischen Papierrollen gezeichnet.
In einem weiteren Schritt wird dann das Grundgerüst partiell mit einer Pipette und Flüssigkeit aufgelöst. Erst die scheinbare Zerstörung des Grundgerüsts als chaotisches Momentum lässt die Kunstwerke individuell erblühen und zersetzt die einfarbige Tinte in ihre einzelnen Bestandteile. Jetzt können neue Dimensionen entstehen, neue Farben und Formen zeigen sich und öffen ganz neue Sphären.

Artist Fabian Gatermann has installed blooming growth sequences on paper strips over 7 meters long, blowing in the wind, in the hanging gardens of the Fünf Höfe in front of the Kunsthalle Munich. Based on his *Flowers* series, he has created a flower-like paper installation based on software code fragments for the Flower Power Festival 2023. The computer-generated fractal sequences are artistically altered and then drawn onto the Chinese paper rolls using a pen plotter. In a further step, the basic structure is then partially dissolved with a pipette and liquid; only the apparent destruction of the basic structure as a chaotic momentum allows the artworks to blossom individually and decomposes the monochrome ink into its individual components. Now new dimensions can emerge, new colors and forms appear and open up new spheres.

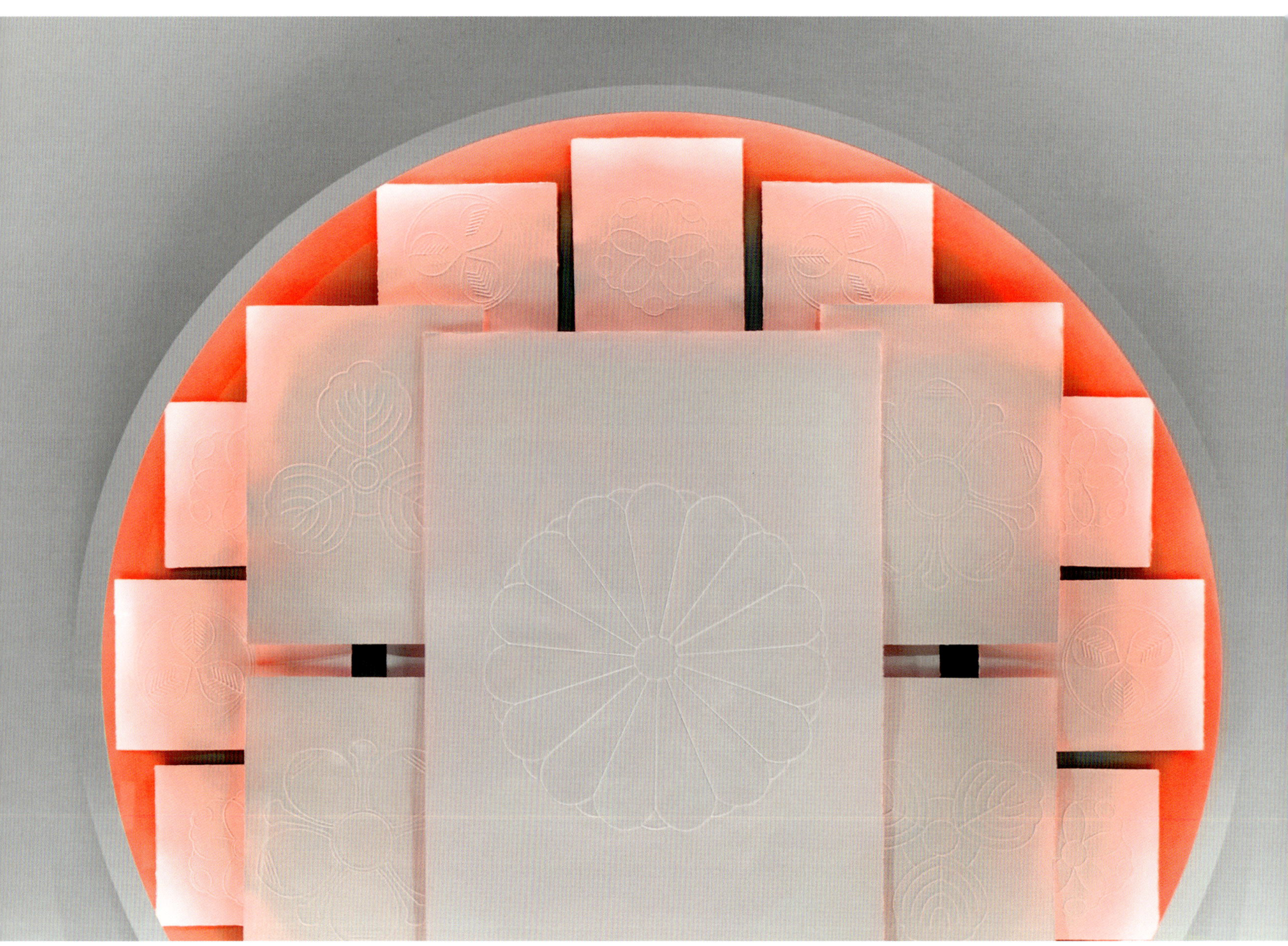

Abb. 47: Installationsansicht Mon, 320 × 30 cm, Kooperation Kunsthalle München, Ludwig Beck, Dienerstrasse
Installation view Mon, 320 × 30 cm, cooperation between Kunsthalle Munich, Ludwig Beck, Dienerstrasse, photo © **Philipp Wulk**

„Licht findet seine Farbenfülle erst im
Widerstand der Wolken.“

*"Light only finds its full range of colors when
it encounters resistance of the clouds."*

Rabindranath Tagore

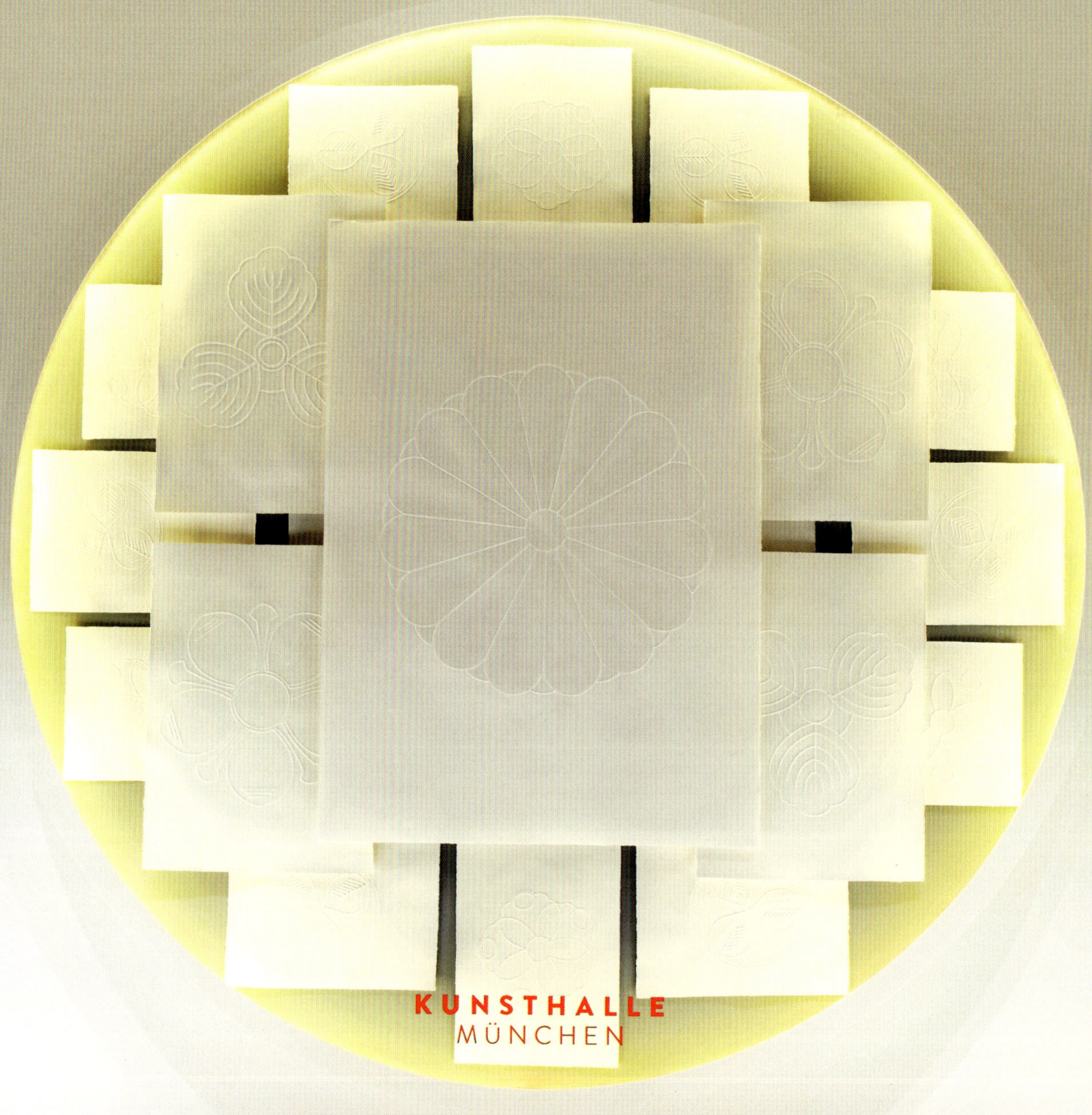

SAMURAI

PRACHT DES JAPANISCHEN RITTERTUMS

1.2.–30.6.2019

Ausgehend von seinen Papierreliefs mit Baumprägungen nimmt Fabian Gatermann die Kooperation der Kunsthalle München mit Ludwig Beck zur Samurai-Ausstellung zum Anlass, um japanische Mon-Symbole in geprägten Papierzeichnungen neu zu interpretieren. Dabei gelingt ihm ein Brückenschlag zwischen zeitgenössischer Kunst und Tradition in einer nahezu schwerelosen Installation. Papier ist sowohl ein tradierendes Medium, das Wissen weitergibt, aber auch Gemeinschaft und Identität schafft. Der Künstler prägt von Hand die Mons mit Prägestiften ins Papier, nur das Licht arbeitet die filigranen Schattenreliefs aus dem weißen Raum heraus. Der Künstler schafft so einen subtilen Raum mit Papier, indem er die fiktiven Symbole und Wappen zum kaiserlichen Mon in hierarchischen Strukturen übereinanderlegt und farbig beleuchtet.

Based on his paper reliefs with tree embossings, Fabian Gatermann takes the cooperation between the Kunsthalle München and Ludwig Beck for the Samurai exhibition as an opportunity to reinterpret Japanese mon symbols in embossed paper drawings. In doing so, he succeeds in building a bridge between contemporary art and tradition in an almost weightless installation. Paper is both a traditional medium that passes on knowledge and creates community and identity. The artist embosses the mons into the paper by hand using embossing pens, with only the light bringing out the delicate shadow reliefs from the white space. The artist thus creates a subtle space with paper by superimposing the fictional symbols and coats of arms onto the imperial mon in hierarchical structures and illuminating them with colored light.

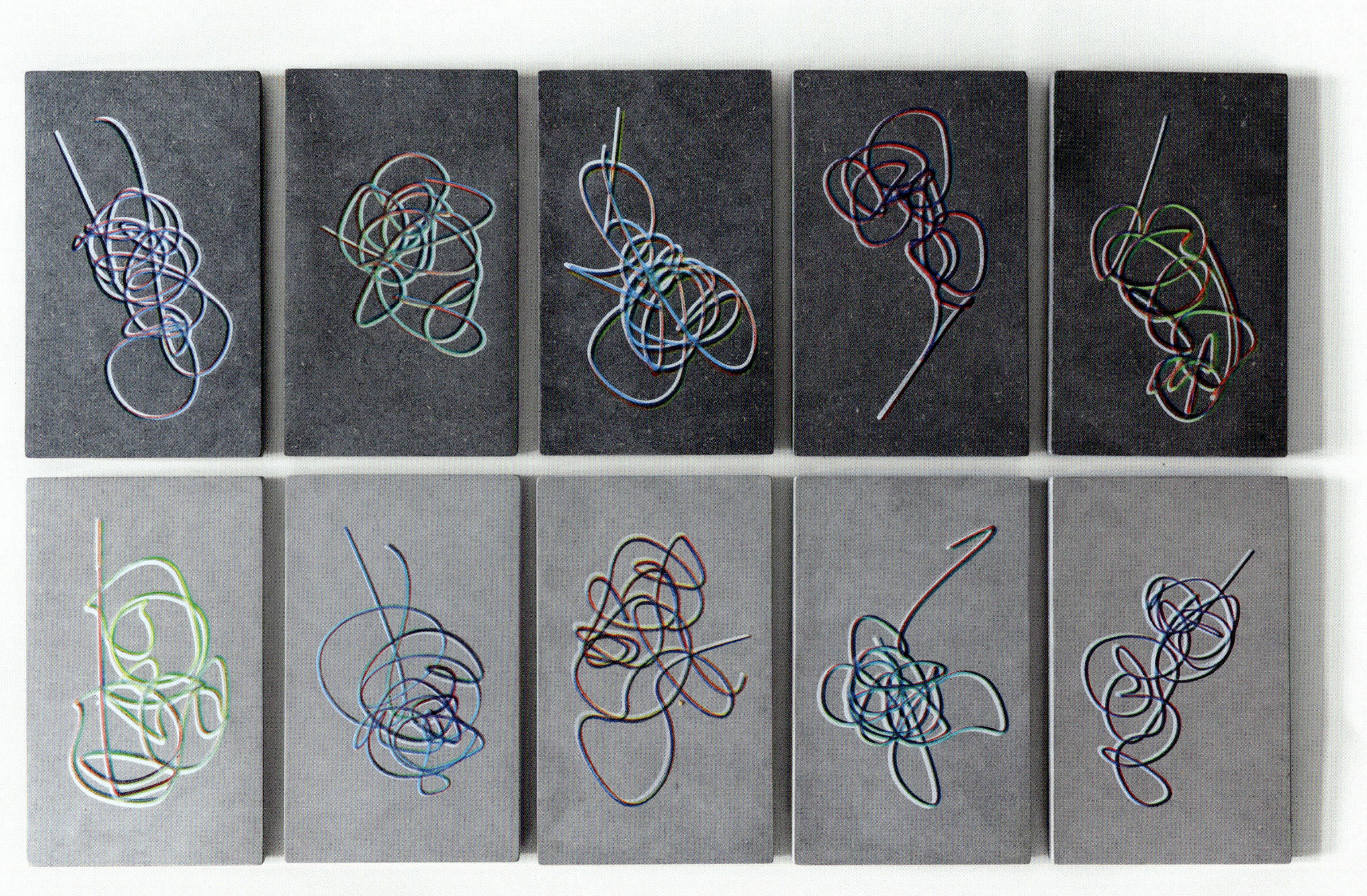

Abb. 49: KI_nderzeichnungen #1 – #10, jede 19 x 11 cm, MDF, Acryl, Vierfarbstift, 2023
Children's drawings #1 – #10, each 19 x 11 cm, MDF, acrylic, four colored pencil, 2023, photo © **Fabian Gatermann**

*„Ich ließ malen wie ein Kind – nicht, weil ich naiv war,
sondern um zu zeigen, dass selbst das Ursprünglichste des Menschseins
simuliert werden kann."*

*"I let it paint like a child—not because I was naive, but to show that even the
most primitive aspects of humanity can be simulated."*

Chat GPT

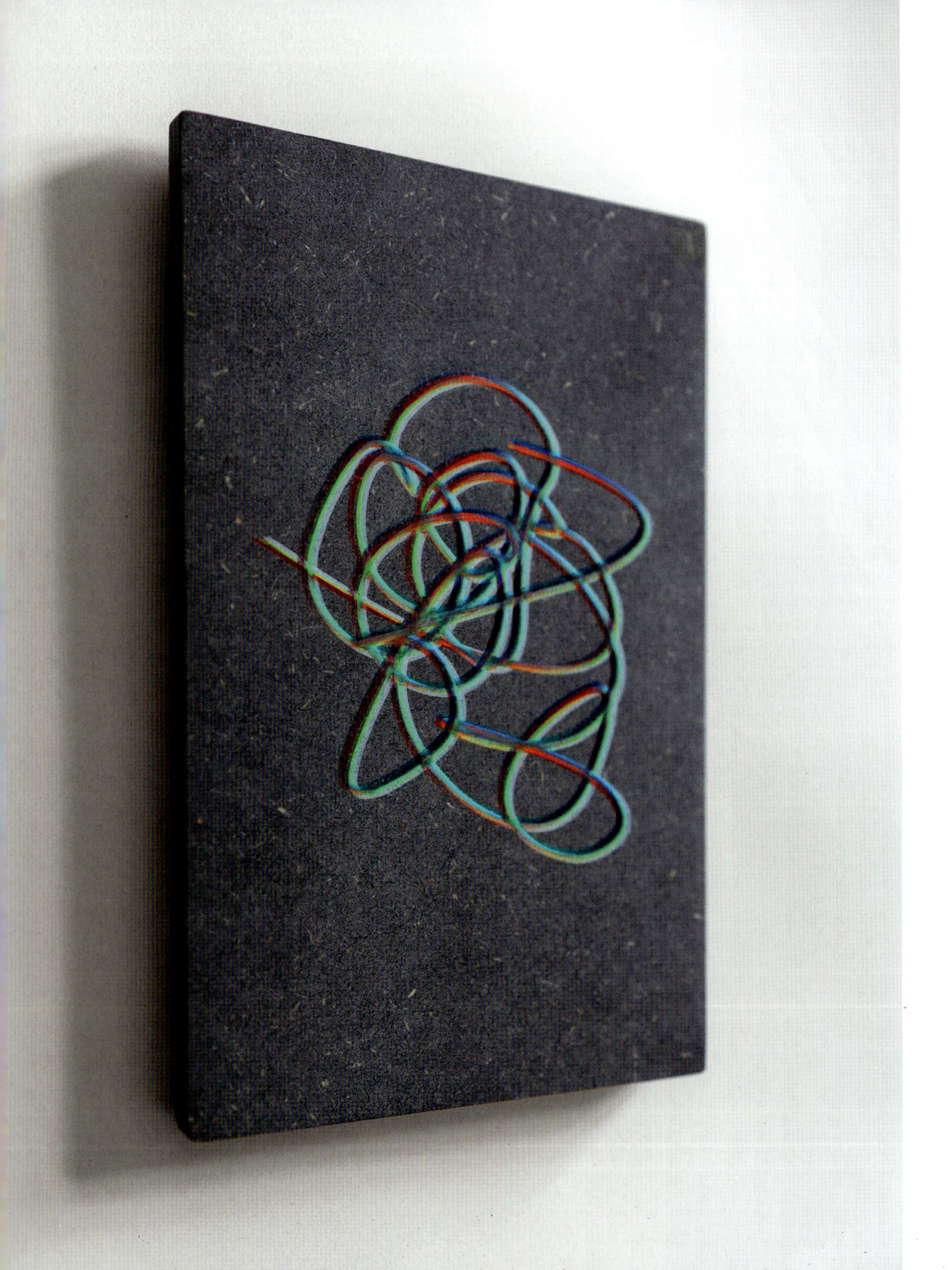

Abb. 50 und 51:
KI_nderzeichnungen #2, #3,
je 19 × 11 cm, MDF, Acryl,
Vierfarbstift, 2023
*Children's drawings #2, #3,
each 19 × 11 cm, MDF, acrylic,
four colored pencil, 2023*
photo © Fabian Gatermann

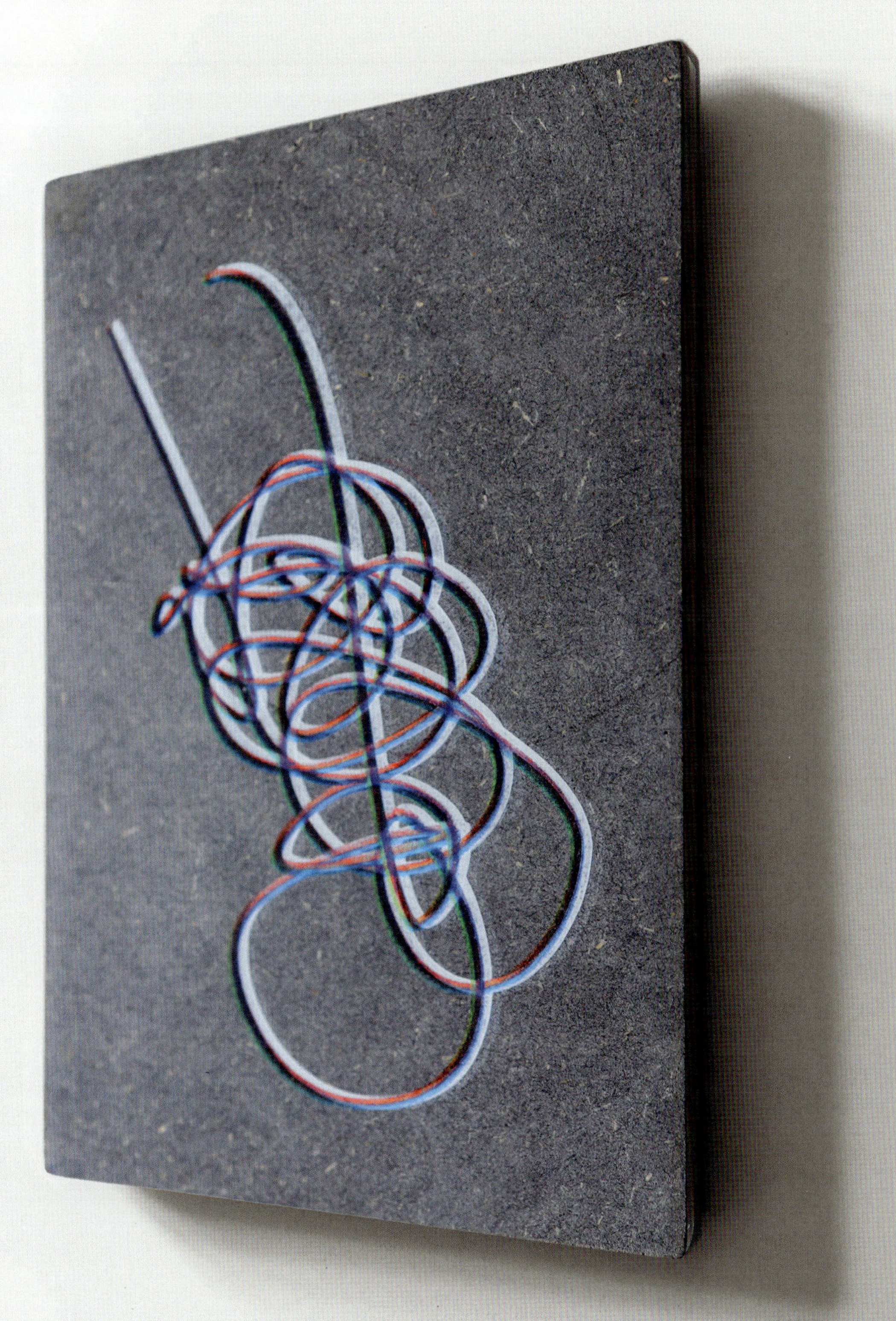

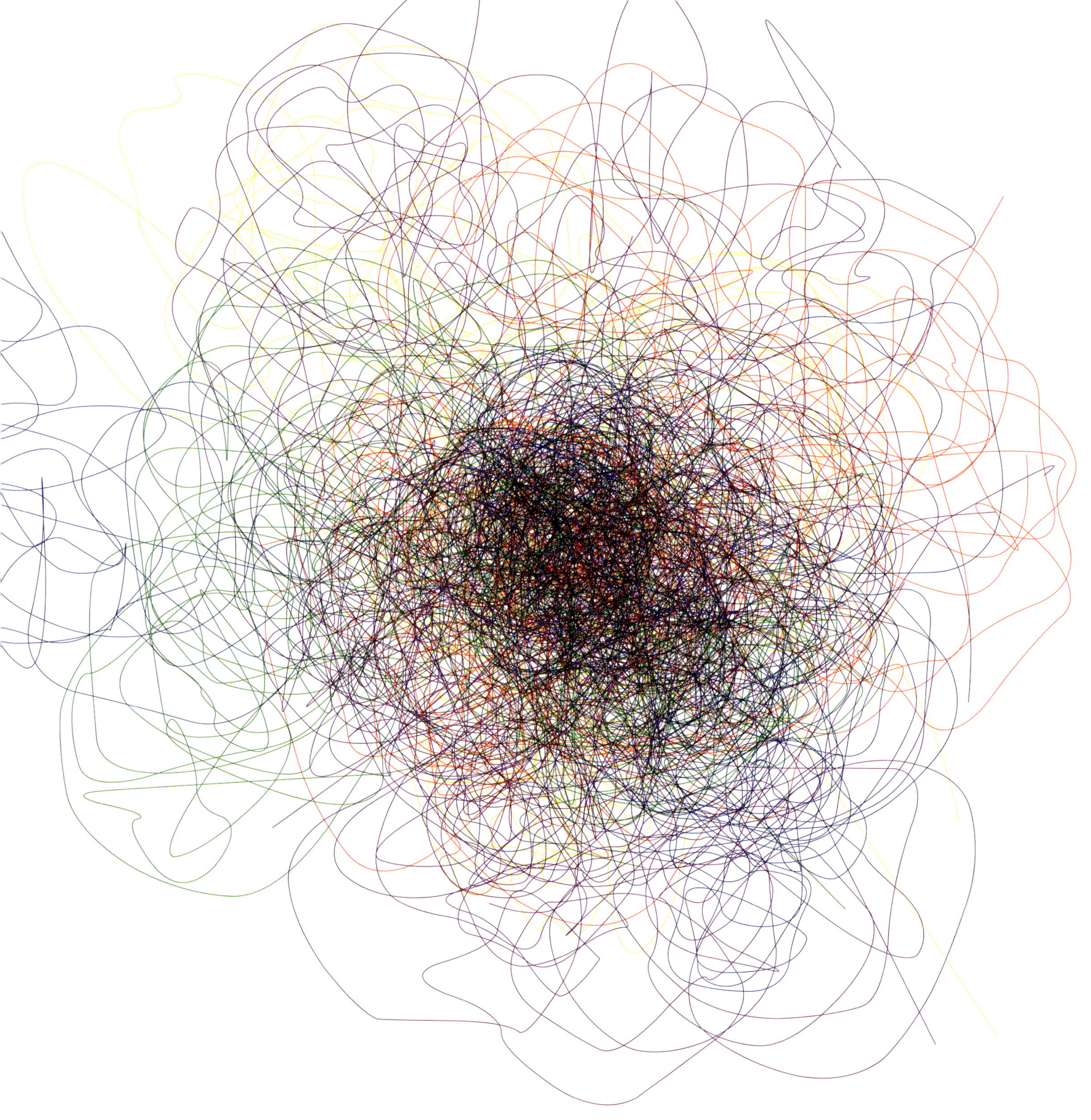

Abb. 52: KI_nderzeichnungen Coding Test, 2023 / *Children's drawings coding test, 2023*

1) Euronews: https://de.euronews.com/next/2023/06/11/bekom-men-sie-keine-kinder-wenn-sie-noch-keine-haben-warnt-ki-exper-te-mo-gawdat, 15.06.2023

Die Künstliche Intelligenz steckt noch in den Kinderschuhen, aber das Potential scheint unendlich. Technokraten jubeln, die gesamte Arbeitswelt ist im Umbruch. Das künstlerische Schaffen in Film, Bild und bildender Kunst verändert die Technologie schon jetzt radikal, auch die Katalogtexte sind mit ihr geschrieben? KI-Experten wie **Mo Gawdat**[1] haben angesichts der Disruption öffentlich dazu geraten, keine Kinder mehr zu bekommen. Gatermann trainiert die KI mit Kinderzeichnungen und dem Erfassen von gestischen und mechanischen Bewegungen zur mathematischen Erstellung von Urknäulen mit Code. Diese ersten zeichnerischen Urformen von Kindern lässt er die KI mithilfe eines Acryl- und eines Vierfarbstifts und eines Stiftplotters auf farbiges MDF zeichnen. Können wir in Zukunft auch unsere eigene Reproduktion an die Maschine auslagern, und welcher Raum bleibt dann noch für uns Menschen als Kinder und Eltern?

Artificial intelligence is still in its infancy, but its potential seems endless. Technocrats are rejoicing, and the entire world of work is undergoing radical change. Technology is already radically transforming artistic creation in film, image, and visual arts, and even the catalog texts are written with it? In view of this disruption, AI experts such as **Mo Gawdat**[1] have publicly advised people not to have children anymore. Gatermann trains AI with children's drawings and the recording of gestural and mechanical movements to mathematically create primordial balls with code. He uses acrylic and four-color pencils and a plotter to have the AI draw these first primitive drawings by children on colored MDF.
Will we also be able to outsource our own reproduction to machines in the future, and what space will then remain for us humans as children and parents?

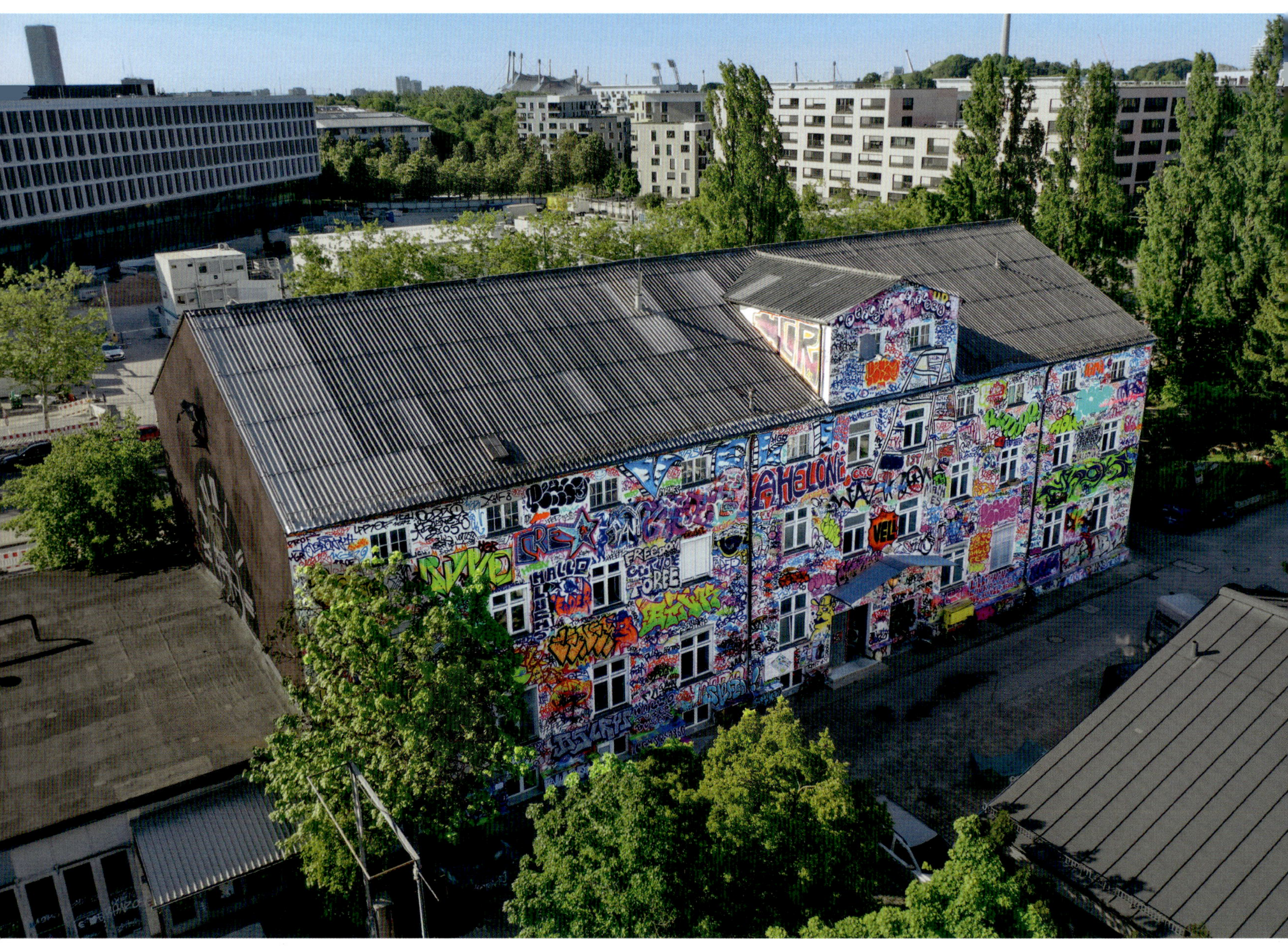

Abb. **53**: reclaim space, Haus2, München, Drone Shot, 2025
Reclaim Space, Haus2, Munich, Drone Shot, 2025, photo © **Moritz Frisch**

„Deswegen haben wir
die erlesensten Graffitikünstler:innen der Republik eingeladen,
um diese symbolträchtige Fassade mit ihren Signaturen zu gestalten.
Sie haben heute das Glück, der Eröffnung eines Denkmals der Urbanen Kultur
beizuwohnen. Denkmal auch deshalb, weil wir tatsächlich bereits den
Denkmalschutz für dieses Objekt in der Pipeline haben.“

"That's why we invited the most
select graffiti artists in the country to design this symbolic façade with their
signatures. Ladies and gentlemen, today you are fortunate enough to witness
the opening of a monument to urban culture. It is a monument because we are
already in the process of having this object listed as a historic landmark."

Thomas Simon Pereira
(Matrixorganisation Urbane Kunst und Immobilienentwicklung)

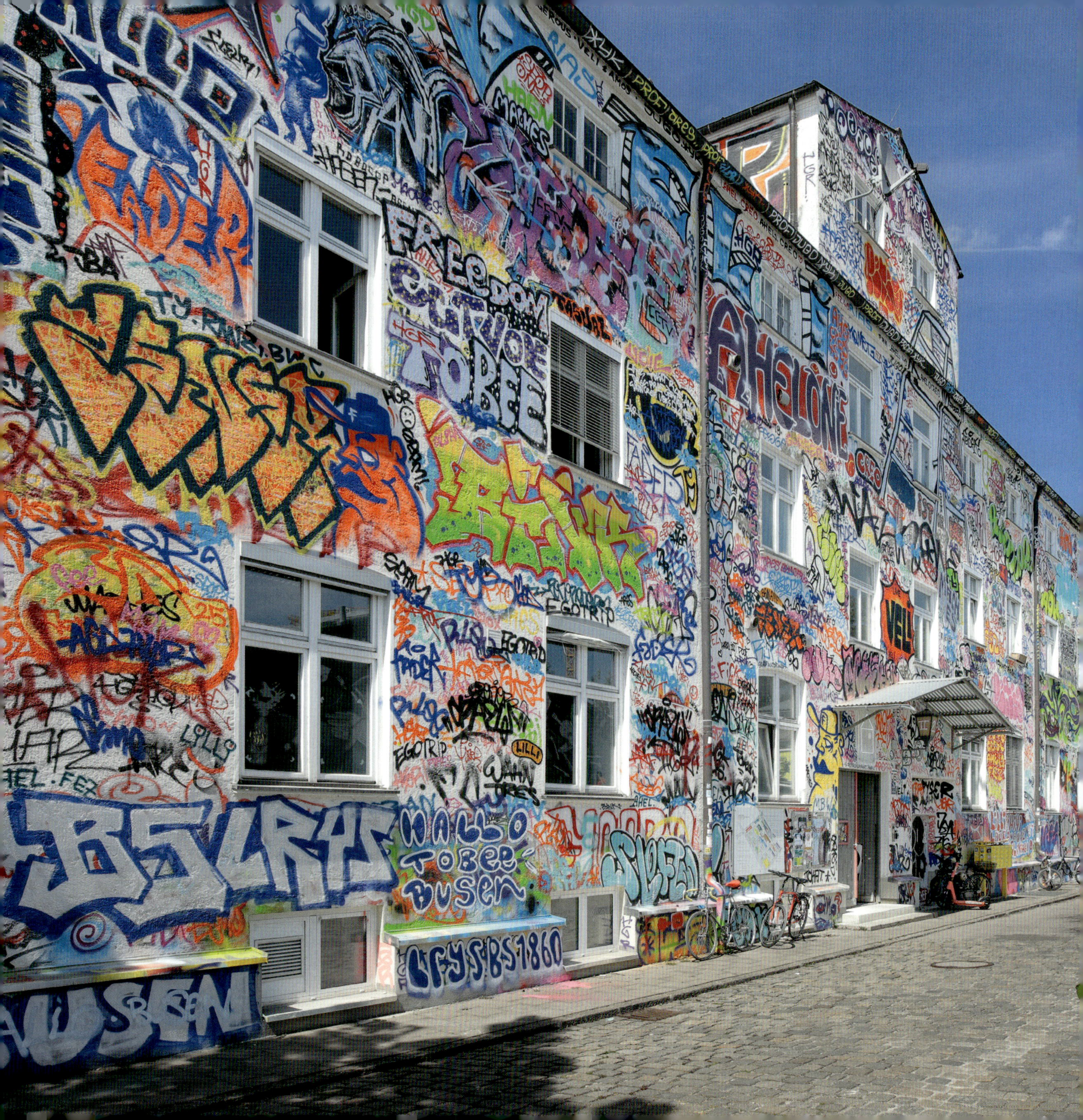

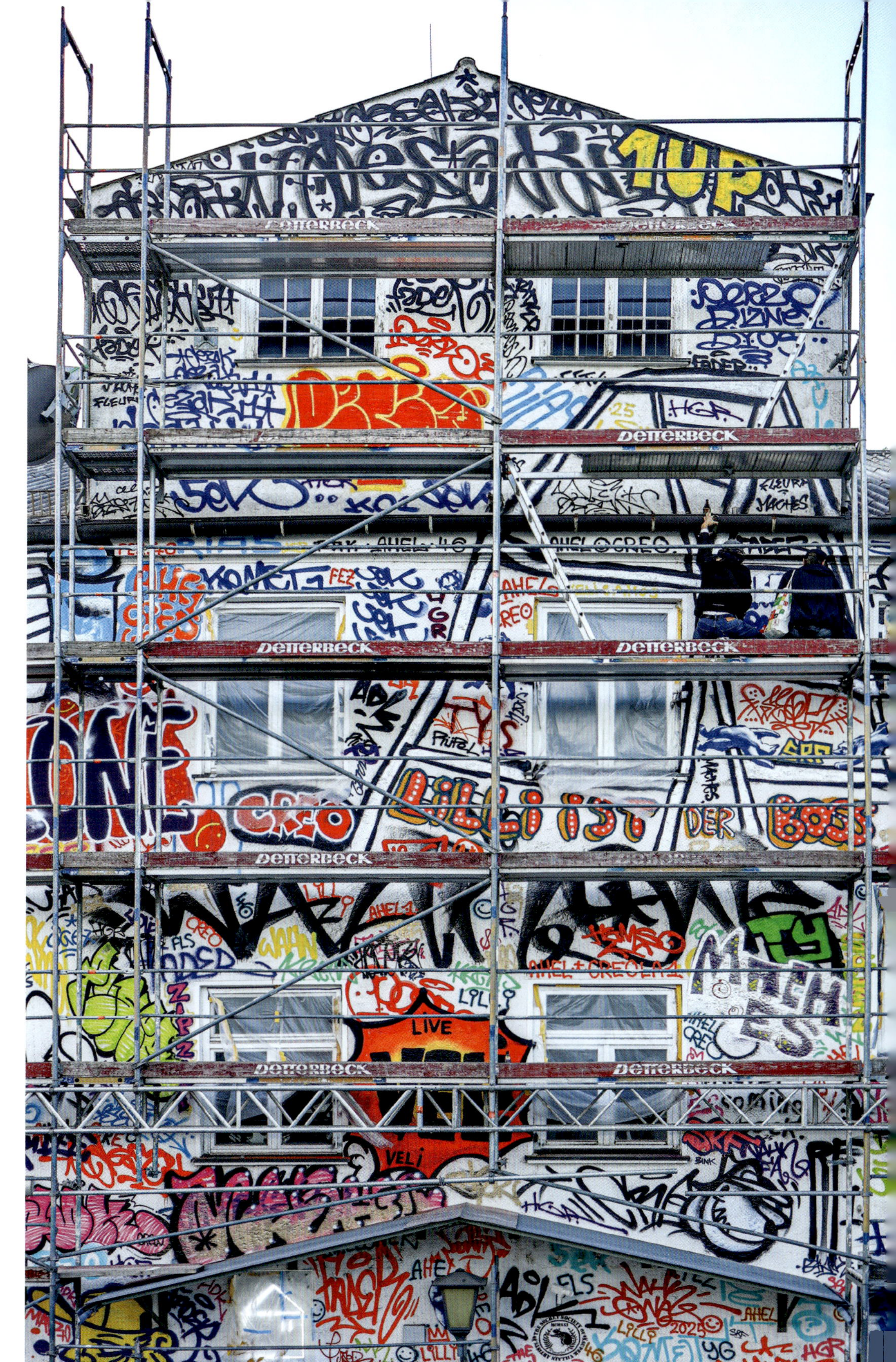

Abb. **54** und **55**: Ergebnis und Prozess,
reclaim space, Haus2, München, 2025
*Result and process, Reclaim Space, Haus2,
Munich, 2025*, photo © **Christoph Metzger**

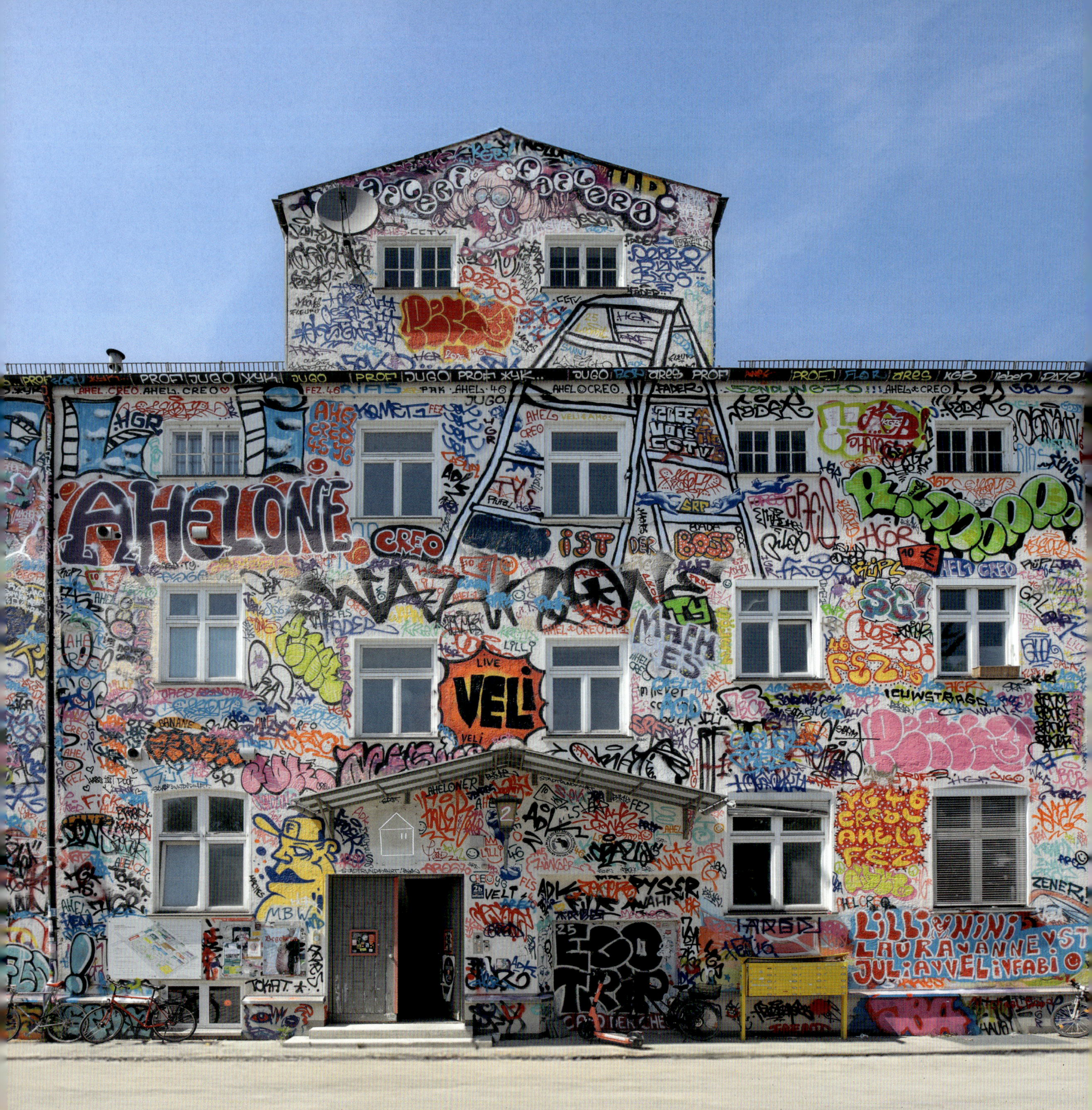

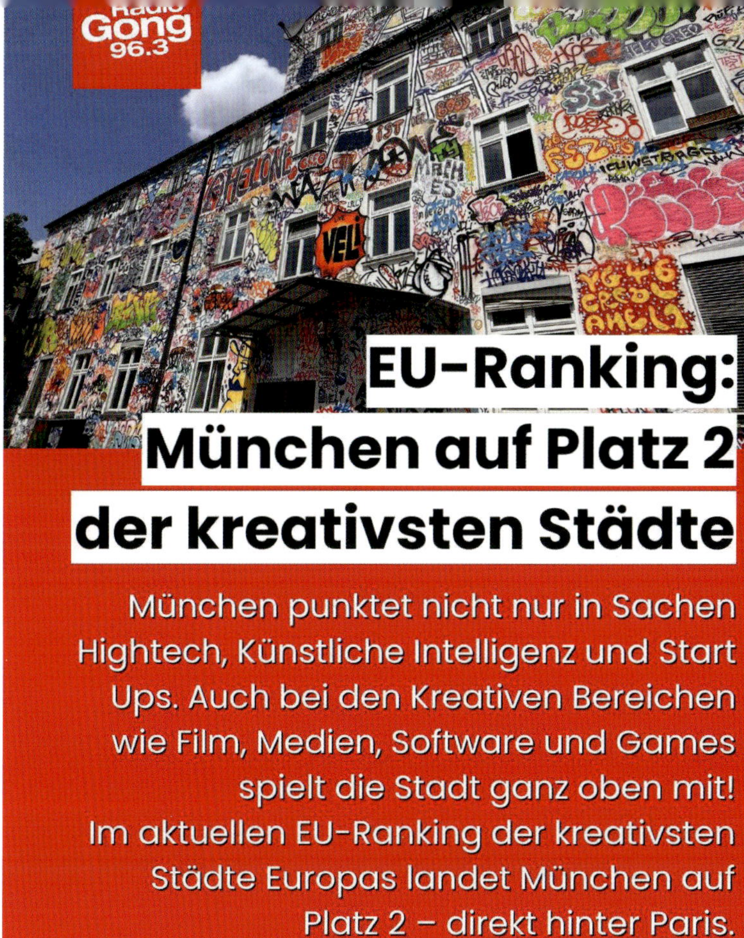

Abb. 57: Reclaim Space, Haus2, Radio Gong 96,3, ungefragte Illustration der Kreativität Münchens mit der Fassade von Haus2.
Reclaim Space, Haus2, Radio Gong 96.3, unsolicited illustration of Munich's creativity with the façade of Haus2
© Screenshot Instagram Gong 96,3, 20. Juli 2025

Abb. 56: reclaim space, Haus2, München, Detail, 2025
Reclaim Space, Haus2, Munich Detail, 2025
photo © **Christoph Metzger**

Steigende Ateliermieten auf dem Kreativquartier, besonders im kollaborativen
Haus2, waren der Impuls für das Projekt
Reclaim Space. Die zentrale Frage:
Wie können wir als Künstler*innen
gemeinsam unsere Produktionsräume
schützen, wenn Kunst selbst zum Motor
der Aufwertung wird? Im Mai 2025
initiierte der Künstler Fabian Gatermann
einen radikalen Gestaltungsprozess: 75
Graffiti-Artists – meist aus der illegalen
Szene – wurden eingeladen, die Fassade
des Hauses vorwiegend mit Tags und
Signaturen gemeinsam zu transformieren.
Das Experiment war offen, kollaborativ und
bewusst kontrovers angelegt.

Rising studio rents in the Kreativquartier,
especially in the collaborative Haus2,
were the impetus for the **Reclaim Space**
project. The central question: How can
we as artists protect our production spaces when art itself becomes part of and
a driver of gentrification?
In May 2025, artist Fabian Gatermann
initiated a radical design process: 75
graffiti artists—mostly from the illegal
scene—were invited to transform the
facade of the building together, primarily
with tags. The experiment was open, collaborative, and deliberately controversial.

Abb. 58: Reclaim Space, Haus2, München, Drone Shot zur blauen Stunde, 2025
Reclaim Space, Haus2, Munich, Drone Shot, blue hour, 2025, photo © **Moritz Frisch**

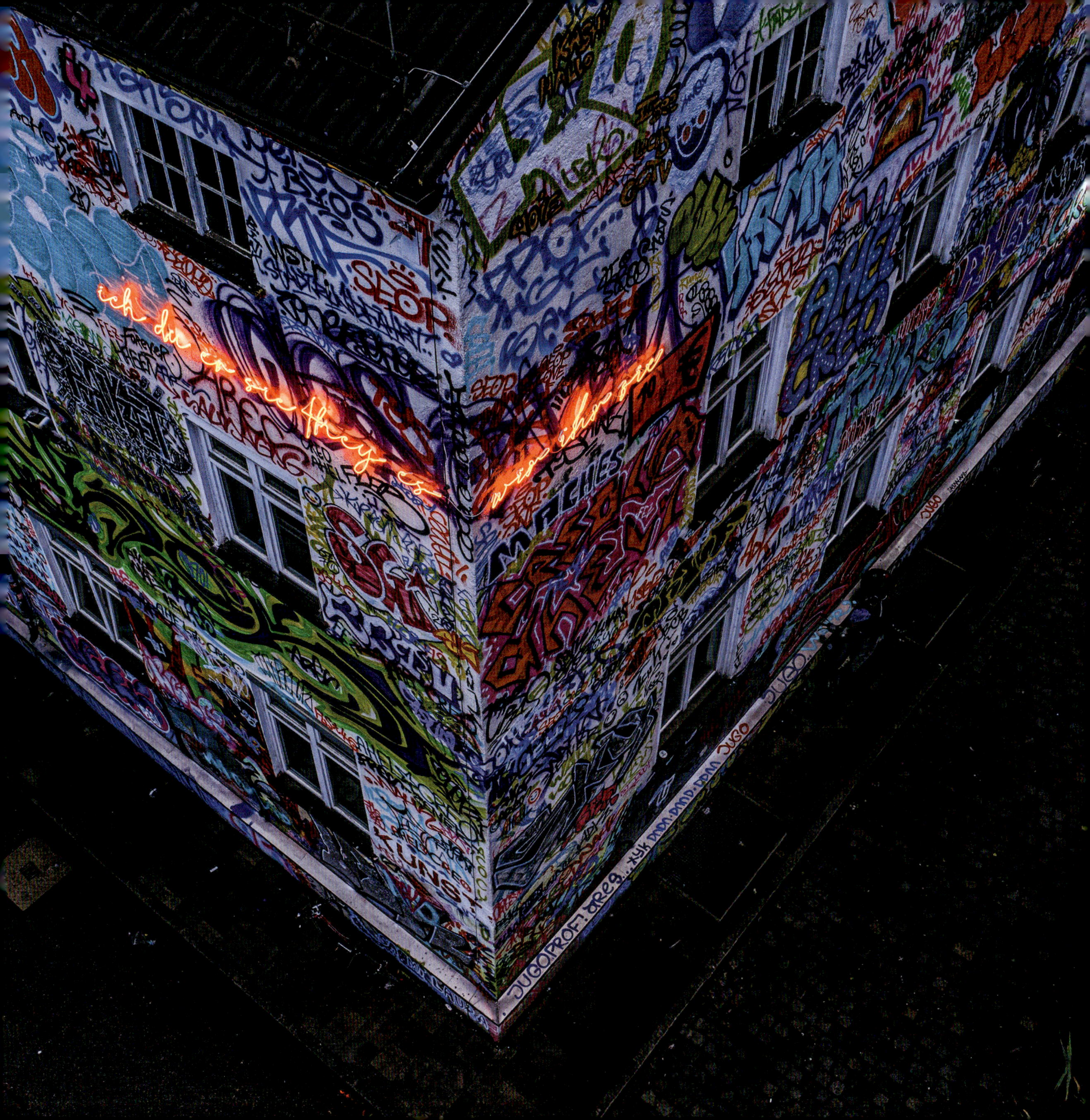

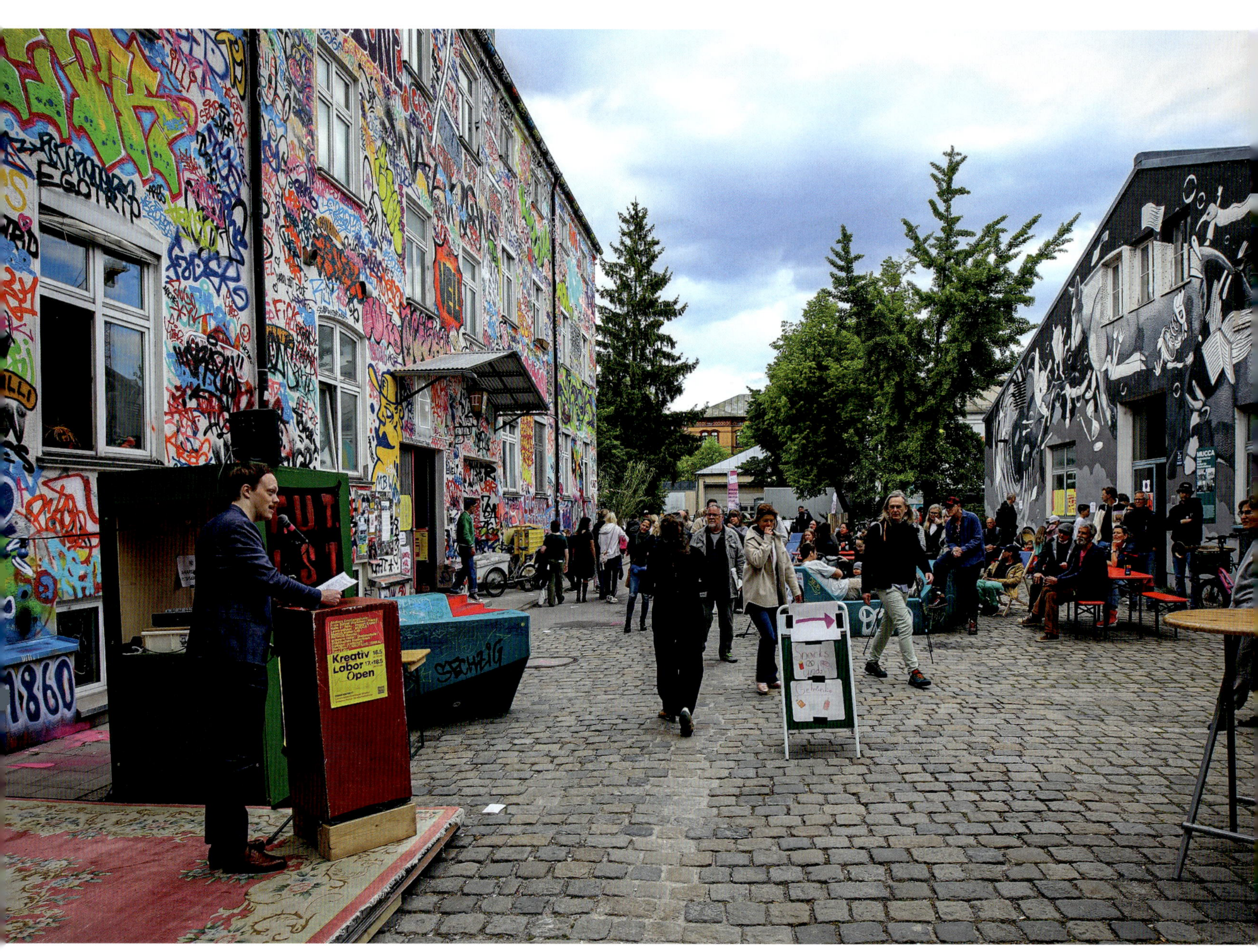

Abb. 59: Der Schauspieler Lucas Rüppel eröffnet als Thomas Simon Pereira die Fassade von Haus2
Actor Lucas Rüppel, playing Thomas Simon Pereira unveils the façade of Haus2, photo © **Fabian Gatermann**

1) Komplette Rede von Tuncay Acar auf www.fabiangatermann.com
Mehr Informationen zu Haus2: www.haus2.net
Complete speech by Tuncay Acar: www.fabiangatermann.com
More information about Haus2: www.haus2.net

Die fertige Fassade wurde durch einen fiktiven Mitarbeiter der Stadt eröffnet: Der Residenztheaterschauspieler **Lucas Rüppel** als Thomas Simon Pereira persiflierte in einer Rede (geschrieben von **Tuncay Acar** / Kompetenzteam Vielheit) die Auswüchse der neoliberalen Kulturpolitik der Stadt München.[1]
Die Reaktionen auf das neue Erscheinungsbild des Hauses sind gespalten: Von Lobeshymnen und Presseartikeln hin zu Beleidigungen. Wird Haus2 nun zum Instagram-Hotspot für Touristen und zum Aushängeschild für Münchens Kreativität oder zum Schandfleck der Stadt? Die Fassade und ihre Geschichte(n) funktionieren multidimensional auf unterschiedlichen Ebenen. Will die Stadt München bei Rekordeinnahmen von 9,5 Mrd. Euro eigenständige Produktionräume für Kunst und Kultur wirklich erhalten?

The finished façade was unveiled by a fictional city employee: Residenztheater actor **Lucas Rüppel**, as Thomas Simon Pereira, satirized the excesses of the city of Munich's neoliberal cultural policy in a speech (written by **Tuncay Acar** / Kompetenzteam Vielheit).[1] Reactions to the building's new appearance are divided: from praise and press articles to insults. Will Haus2 now become an Instagram hotspot for tourists and a flagship for Munich's creativity, or an eyesore for the city? The facade and its narratives work multidimensionally on different levels.
With record revenues of 9.5 billion euros, does the wealthy city of Munich really want to maintain independent production spaces for art and culture?

Fabian Gatermann, *1984 in München

Ausbildung

Studium der Kommunikationswissenschaft,
Wien 2005–2007, Abschluss: Bachelor of Arts
Studium der Medienkunst, Klasse Kowanz, Universität für
Angewandte Kunst, Wien, 2008
Studium des Design, Ingenieurswissenschaft und Wirtschaft
Köln (2009–2011), mit Auslandsaufenthalt in Curitiba (Brasilien),
2010, Abschluss: Master of Science

Recognition

Katalogförderung Danner Stiftung 2025
Atelierförderung der Stadt München 2023–2026
Stipendium Junge Kunst / Neue Wege 2022
Nominiert für den Danner Preis der Danner Stiftung München 2020
Preis der Lichtwoche für das Objekt MoodPoem 2018
Atelierförderung der bayerischen Staatsregierung 2018–2020
Ritter Sport Katalogförderung 2018, 2014 und 2024
Atelierförderung 2017–2020 der Landeshauptstadt München
Luminale 2018 und 2016, Frankfurt am Main
LfA Förderbank Bayern Katalogförderung 2018 und 2014
Bayern Innovativ: Innovationsgutschein 2023, 2017 und 2015
für die Entwicklung von Leuchtobjekten
Strascheg Center for Entrepreneurship Förderung 2015
„New Talent", DMY Design Fair Berlin 2013
„New Talent", Biennale Köln 2012

mit der Kunstfigur Pieter Brenner und dem sugarchair

Award „100 Big Ideas", Interior Magazine New York 2013
Pieter Brenner Finalist für den Bloom Award 2012
Core Design Award, New York 2012

Sammlungen und öffentliche Einrichtungen

Forum für Konkrete Kunst, Erfurt
Atriumhaus, München
kbo-Isar-Amper-Klinikum, Fürstenfeldbruck
Horizont e.V. Haus II, München
Haus2, München Kreativquartier
Materfad Permanent Material Collection, Barcelona
Sammlung Marli Hoppe-Ritter, Waldenbuch
Sammlung Barbier-Mueller, Genf
Sammlung Kaster AG, Wolnzach
Diverse private Sammlungen
im In- und Ausland

Ausgewählte Ausstellungen

„Paper Positions Wien"
Messe mit der Galerie Smudajescheck, 13.–16.11.2025
„Reclaim Space"
Kunst am Bau, kollaboratives Graffiti-Projekt mit 75
Künstler:innen, Haus2 München, 06.–20.05.2025
„Kristallisationspunkte"
Salz und Zucker in der Kunst, Kunstmuseum Heidenheim
24.03.–09.06.2024
„menschliche vs. sogenannte künstliche Intelligenz"
Kunstpavillon Botanischer Garten, München, 08.–24.11.2024,
„24! Fragen an die Konkrete Gegenwart"
Gruppenausstellung, Museum im Kulturspeicher Würzburg und
im Museum für Konkrete Kunst Ingolstadt, 15.06.–22.09.2024
„Flowers"
Installation in den Fünf Höfen vor der Kunsthalle München im
Rahmen des Flower Power Festival, 03.02.–05.03.2023
„Inventing Color"
Gruppenausstellung, Galerie Artes, Berlin, mit Andy Warhol,
Rhea Standke, Heinz Mack, Ruri Matsumoto, Gerhard Richter,
Imi Knoebel, Marion Eichmann, 12.11.2021–04.03.2022
„A Chair & You"
Gruppenausstellung der Sammlung Thierry Barbier-Mueller
Ausstellungsdesign: Robert Wilson, Museum of Contemporary
Design and Applied Arts (MUDAC), Lausanne, 28.10.2022–
26.02.2023
„ZERO+"
Gruppenausstellung, ARTES Berlin, mit Heinz Mack, Günther
Uecker und Adolf Luther 17.07.–11.09.2021
„ArtNews3"
Gruppenausstellung mit Miriam Salamander, Galerie
Smudajescheck, 24.03.–13.04.2021
„Wo ist Gott?"
Gruppenausstellung mit Banksy und Rob Sneyder u.v.m.,
Kunstverein Worms, 26.06.–25.07.2021
„Haus2"
seit 2020 Haussprecher für das Künstlerhaus Haus2 mit 40
interdisziplinären Künstler*innen, in dem kollaborative und
künstlerische Selbstorganisation erprobt wird.
„Art Karlsruhe"
Messeausstellung mit der Galerie P13, Heidelberg
13.–16.02.2020

„ArtSchnitzel"
Gründung der Kunstvermittlungsformate ArtSchnitzel und des Träger-
vereins ArtSchnitzel e.V. Kooperationen mit dem Bund (BMWi), dem
Bayerischen Staatsministerium, BBK, Kulturreferat München,
GLS Treuhand, Kulturstiftung der Sparkasse, Kulturstiftung
Oberbayern, Bürgerstiftung München und den Bezirksausschüssen
„Lichtkreuzung"
Artionale, Resonanzen, München, Lichtinstallation
Nazarethkirche, München, 09.10.–06.11.2019
„Licht als Phänomen"
Einzelausstellung als jüngster Künstler in der Stiftung für konkrete
Kunst Phleps, Freiburg, 17.03.–05.05.2019
„5. Internationaler André-Evard-Preis"
Nominierung und Ausstellung der Messmer Foundation,
Riegel am Kaiserstuhl, 03.11.2018–17.02.2019
„Mon"
Kooperationsprojekt mit der Kunsthalle München zur Ausstellung
„Samurai" mit Ludwig Beck, München, 30.01.–30.06.2019
„Three Artists"
Gruppenausstellung mit Willi Siber und Rita Rohlfing,
Galerie Smudajescheck, München, 19.01.–09.03.2019
„Kunstlabor"
Gruppenausstellung und Installationen des Museum of
Urban and Contemporary Art, München 01.09.2018–30.01.2019
„Form, Farbe, Raum"
Gatermann, Rohlfing, Siber, Galerie P13, Heidelberg,
24.06.–16.09.2018
„Die Schönheit der Formel II"
Galerie Alte Schule, Adlershof in Berlin, 19.05.–30.06.2018
„City Light Charts"
Luminale 2018, Lichtbiennale Frankfurt am Main, Lichtinstallation,
U-Bahnstation Schweizer Platz, 18.03.–23.03.2018
„Hamburg Art Fair"
mit der Galerie Flash, München, 16.11.–19.11.2017
„Hightech Lowtech"
Gruppenausstellung mit Arno Beck zur Luminale,
Galerie Rundgänger, Frankfurt am Main, 13.03.–18.03.2016
„Poly.Gone.Wild", Lost Weekend, München, 26.03.–30.06.2016
„in progress", Forum für Konkrete Kunst, Erfurt, 04.09.–18.10.2015
„sugarchair", Einzelausstellung und Performance bei der Cologne
Biennial 2012, 12.05.–20.05.2012

Fabian Gatermann, *1984 Munich

Education
2005–2007: B.A. in Communication Studies, Vienna
2008: Media Art Studies, Klasse Kowanz, University of
Applied Arts, Vienna
2009–2011: M.Sc. in Design, Engineering and Economics,
Cologne; Study abroad in Curitiba, Brazil (2010)

Recognition
Catalogue funding from the Danner Foundation 2025
Studio grant from the City of Munich 2023–2026
Grant Junge Kunst / Neue Wege 2022
Nominated for the Danner Prize from the
Danner Foundation Munich 2020
Light Week Prize for the object MoodPoem 2018
Studio grant from the Bavarian State
Government 2018–2020
Ritter Sport catalogue funding 2018, 2014 and 2024
Studio grant 2017–2020 from the City of Munich
Luminale 2018 and 2016, Frankfurt am Main
LfA Förderbank Bayern catalog grant 2014 and 2018
Bayern Innovativ: Innovation grant 2023, 2017, and 2015
for the development of light objects
Strascheg Center for Entrepreneurship funding 2015
"New Talent," DMY Design Fair Berlin 2013
"New Talent," Cologne Biennale 2012

with the fictional character Pieter Brenner and the sugarchair
Award "100 Big Ideas", Interior Magazine, New York 2013
Pieter Brenner Finalist for the Bloom Award 2012, Cologne
Core 77 Design Award, New York 2012

Collections and public institutions
Forum for Concrete Art, Erfurt
Atriumhaus, München
kbo-Isar-Amper-Klinikum, Fürstenfeldbruck
Horizont e.V. Haus, Munich
Haus2, Munich Kreativquartier
Materfad Permanent Material Collection, Barcelona
Marli Hoppe-Ritter Collection, Waldenbuch
Barbier-Mueller Collection, Geneva
Kaster AG Collection, Wolnzach
Various private collections in Germany and abroad

Selected exhibitions:

"Paper Positions Vienna"
Fair with the Smudajescheck Gallery, November 13 – 16, 2025
"Reclaim Space"
Art in architecture, collaborative graffiti project with 75 artists,
Haus2, May 6 – 20, 2025
"Kristallisationspunkte"
Salt and sugar in art, March 24 – June 9, 2024,
Kunstmuseum Heidenheim
"menschliche vs. sogenannte künstliche Intelligenz"
Kunstpavillon Botanischer Garten, November 8 – 24, 2024
"24! Fragen an die Konkrete Gegenwart"
Group exhibition, Museum im Kulturspeicher Würzburg and
Museum für Konkrete Kunst Ingolstadt, June 15 – September
22, 2024
"Flowers"
Installation in the Fünf Höfe, Kunsthalle Munich as part of the
Flower Power Festival, February 3 – March 5, 2023
"Inventing Color"
Group exhibition with Andy Warhol, Isa Dahl, Heinz Mack, Ruri
Matsumoto, Gerhard Richter, Fintan Whelan, Imi Knoebel,
Artes gallery, Berlin, November 12, 2021 – March 4, 2022
"A Chair & You"
Group exhibition, Museum of Contemporary Design and
Applied Arts (MUDAC) Design: Robert Wilson, Lausanne,
Oktober 28, 2022 – February 26, 2023
"ZERO+"
Group exhibition with Heinz Mack, Günther Uecker, and Adolf
Luther, Artes gallery Berlin, July 17 – September 11, 2021,
"ArtNews3"
Group exhibition with Miriam Salamander, gallery
Smudajescheck, March 24 – April 13, 2021
"Where is God?"
Group exhibition with Banksy and Rob Sneyder,
Kunstverein Worms, June 26 – July 25, 2021
"Haus2"
Spokesperson /Board Member for the Haus2, Space for 40
interdisciplinary artists, where collaborative and artistic self-
organization is being tested, since 2020
"Art Karlsruhe"
Art fair exhibition with gallery P13, February 13 – 16, 2020
"ArtSchnitzel"
Founding of the art education formats ArtSchnitzel and the
ArtSchnitzel e.V. Cooperation with the Federal Government
(BMWi), the Bavarian State Ministry, BBK, Munich Department
of Culture, GLS Treuhand, the Sparkasse Cultural Foundation,
the Upper Bavaria Cultural Foundation, Bürgerstiftung and
district committees (Bezirksauschüsse)
"Lichtkreuzung"
Artionale Munich Resonanzen, light installation
Nazarethkirche, Munich, October 9 – November 6, 2019
„Licht als Phänomen"
Solo exhibition as youngest artist at the Phleps Foundation
for Concrete Art, Freiburg, March 17 – May 5, 2019
"5th International André Evard Prize"
Nomination and exhibition by the Messmer Foundation,
Riegel am Kaiserstuhl, November 3, 2018 – February 17, 2019
"Mon"
Cooperation project with the Kunsthalle Munich and Ludwig
Beck for the exhibition "Samurai", Munich, January 30 – June
30, 2019
"Three Artists"
Group exhibition with Willi Siber and Rita Rohlfing, gallery
Smudajescheck, Munich, January 19 – March 9, 2019
"Kunstlabor"
Group exhibition and installations by the Museum of Urban
and Contemporary Art, Munich, September 1, 2018 – January
30, 2019
"Form, Farbe, Raum"
Gatermann, Rohlfing, Siber, Galerie P13, Heidelberg, June 24
– September 16, 2018
"Die Schönheit der Formel II"
Galerie Alte Schule Adlershof in Berlin, May 19 –
June 30, 2018
"City Light Charts"
Luminale Frankfurt Light Biennale, light installation at Schweizer
Platz subway station, March 18 – 23, 2018
"Hamburg Art Fair"
With flash gallery, Munich, November 16 – 19, 2017
"Hightech Lowtech"
Group exhibition, with Arno Beck, Luminale 2016, gallery
Rundgänger, Frankfurt am Main, March 13 – 18, 2016
"Poly.Gone.Wild"
Lost Weekend, Munich, March 26 – June 30, 2016
"in progress"
Forum für Konkrete Kunst, Erfurt, September 4 – October 18,
2015
"sugarchair"
solo exhibition and performance at the Cologne Biennial 2012,
May 12 – May 20, 2012

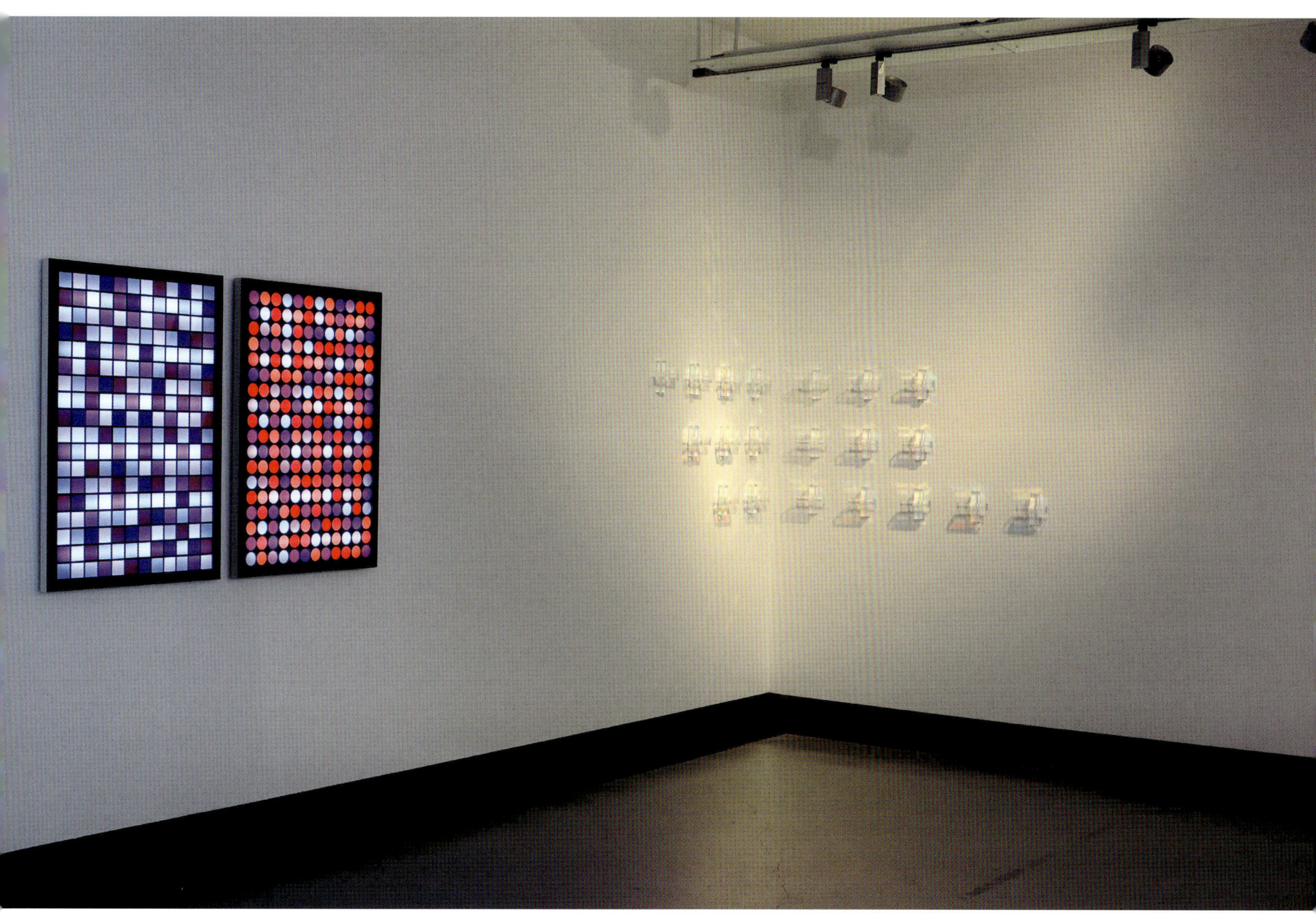

Abb. 60: Ausstellungsansicht, „24! Fragen an die Konkrete Gegenwart" Museum für Konkrete Kunst (MKK) / Museum im Kulturspeicher
(MiK) Würzburg / *Exhibition view, "24! Questions for the Concrete Present" Museum of Concrete Art (MKK) / Museum im Kulturspeicher
(MiK) Würzburg,* photo © **Florentina Tautu**

Dieses Buch entstand mit großzügiger Unterstützung von:
This book has been produced with the generous support of:

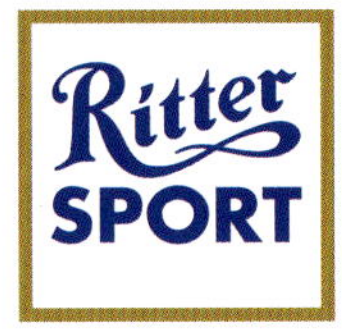
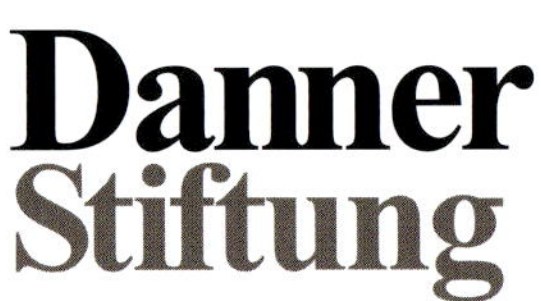

TRANSZENDENZ © 2025 Fabian Gatermann, die Autor*innen / the authors und / and arnoldsche Art Publishers, Stuttgart

Auflage / Edition of: **999**

Autor*innen / Authors
Raphael M. Bonelli, Dr. Theres Rohde, Doris Myôen Zölls

Übersetzung / Translation
Ellie Hochdörfer, München

Englisches Lektorat / Copy editing
Wendy Brouwer, Stuttgart

Grafische Gestaltung / Graphic designer
Jan Stöwe, München

Offset Reproduktion / Offset reproductions
Perfect Image GmbH, Kienberg

Druck und Buchbinder / Printed and bound by
F&W Druck- und Mediencenter GmbH, Kienberg

Papier / Paper
Umschlag / Cover 350 g/m^2, Inhalt / contents 170 g/m^2 Bilderdruck seidenmatt / coated paper silk matt

arnoldsche Projektkoordination / Project coordination
Lotta Sedlacek

Bibliografische Information der Deutschen Nationalbibliothek
Die Deutsche Nationalbibliothek verzeichnet diese Publikation in der Deutschen Nationalbibliografie;
detaillierte bibliografische Daten sind über www.dnb.de abrufbar.
Bibliographic information published by the Deutsche Nationalbibliothek
The Deutsche Nationalbibliothek lists this publication in the Deutsche Nationalbibliografie;
detailed bibliographic data are available at www.dnb.de.

ISBN 978-3-89790-747-8

Made in Germany, 2025

Bildnachweis / Photo credits
**Petrov Ahner, Moritz Frisch, Fabian Gatermann, Christoph Metzger, Olga Niekrasova, Nils Richter,
Uli Schulz, Florentina Tautu, Janik Valler, Philipp Wulk, Siegfried Wameser, Sophie Wanninger**

Dank / special thanks to:
Filippa, Elsa, Wanda, Anouk & Florentina

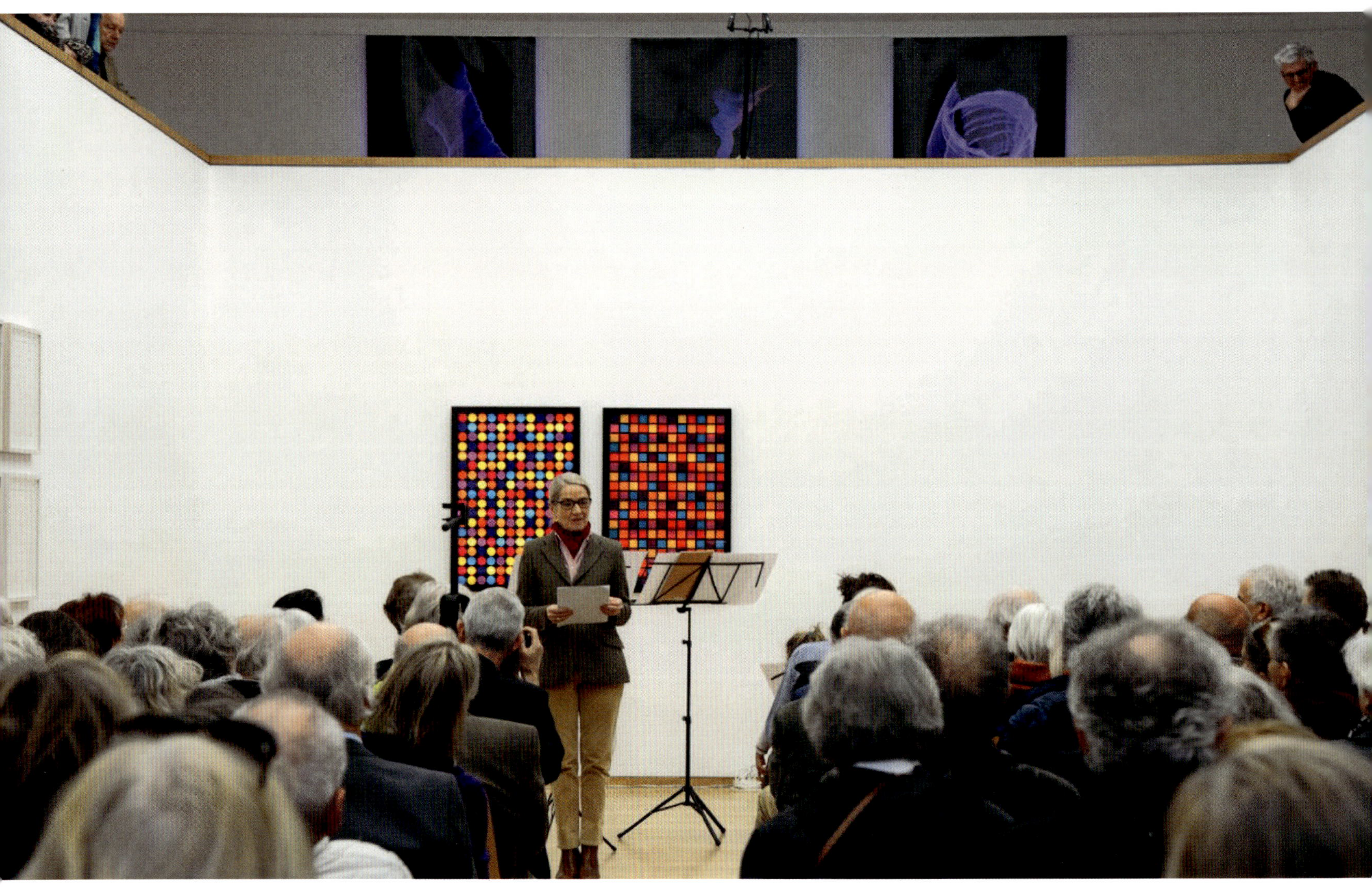

Abb. 61: Eröffnungsrede, Dr. Claudia Rönn-Kollmann, „Licht als Phänomen" Stiftung für Konkrete Kunst Phleps, 2019 Freiburg
Opening speech, Dr. Claudia Rönn-Kollmann, „Licht als Phänomen" Phleps Foundation for Concrete Art, 2019 Freiburg, photo © **Olga Niekrasova**

Internet
hello@fabiangatermann.com
@fabian_gatermann
www.fabiangatermann.com

Inquiries
Galerie ARTES, Berlin, Hannover
Galerie P13, Heidelberg
Galerie Smudajescheck, München

Studio
Haus2
Schwere-Reiter-Str. 2b
80637 München